Wege zum Gebet

SCHRIFTENREIHE ZUR MEDITATION

Nr. 35

Ichirō Okumura

ERWACHEN ZU GOTT

Wege zum Gebet

übertragen von Claudia C. Lenel
bearbeitet von Waltraud Herbstrith
(Teresia a Matre Dei OCD)

Verlagsgesellschaft Gerhard Kaffke mbH München

Gesamtherstellung:
Erhardi Druck GmbH, Regensburg · Waldsassen

ISBN 3 87391 980 X

2. Auflage 1981

Inhalt

Vorwort zur 2. Auflage

Die gute Aufnahme des Bändchens zeigt, daß Okumuras ,,Wege zum Gebet" für viele Menschen eine Hilfe bedeuten konnten.
Deshalb erscheint nach fünf Jahren die 2. Auflage fast unverändert. Möge auch sie den Suchenden Anregung und Impuls für ein je persönliches ,,Erwachen zu Gott" geben!

Regensburg, September 1981

Ulrich Hemel

Einführung

Die Worte Pater Okumuras über das Gebet stammen aus einer langen Gebetspraxis. Okumura war erst eifriger Zen-Anhänger, ehe er den christlichen Glauben annahm. Seine intensiven Zen-Übungen empfand er als gute Vorbereitung für den neuen Schritt. Auch nach seiner Konversion blieb er mit seinem Zenmeister in Freundschaft verbunden.

Es ist für uns europäische Christen wichtig, ein solches Glaubenszeugnis zu lesen. Hier fehlen die Härten, die oft bei westlichen Diskussionen über Ost und West befremden. Vielleicht brauchen wir die Stimmen der asiatischen Brüder, um einen richtigen Weg des Miteinander zu finden. Ein Asiate drückt sich in seiner Sprache nicht gegen westliche Erfahrung aus, sondern er ergänzt und vertieft sie.

So sagt Okumura: „Johannes Damaszenus nennt das Gebet eine Erhebung des Herzens, Augustinus spricht vom Dialog mit Gott, Teresa von Avila von einer Freundschaft. Diese Begriffe können wir die äußere Seite des Betens nennen. Stellen wir ihr eine Innenseite gegenüber, ist das Gebet nicht Gespräch, sondern Schweigen, nicht Erhebung des Herzens, sondern Versenkung in Gott. Wir können noch weiter gehen, indem wir nicht nur das Herz, sondern auch den ganzen Leib in Gott versenken, ganz in Gott ruhen . . . In diesem Beten zerbrechen wir uns nicht den Kopf über Gott, sondern lassen unser Herz in Gott ruhen."

„Beten ist das Lassen unseres Leibes in Gott", also nicht nur unseres Geistes oder unseres Körpers. Für den japanischen Christen ist Beten „reines Gespräch". „Für die freie Zeit, die man sich wählt, gebraucht man im Japanischen das Schriftzeichen des Tors, des Zwischenraums, in den die Sonne scheint. Wir sollten im arbeitsreichen Leben Raum für Sonnenstrahlen, für Gottes Licht schaffen. Gebet ist Platzmachen für Gottes Licht." Dieses Raumschaffen für Gott steht für Okumura nicht im Widerspruch zum „Beten ohne Unterlaß", zu einer Spiritualität des Tuns.

Okumura ist sich der theologischen Unterschiede zwischen dem Christentum und der Religion seiner Heimat wohl bewußt. Trotzdem spricht er, was die Gebetspraxis betrifft, völlig unreflex und dankbar von seiner Erziehung ‚auf Christus hin'. Dem asiatischen Christen geht es immer um den leibhaftigen Menschen. „Beten, sei es im Yoga, Zen oder Christentum, ist immer Beten des ganzen Menschen, denn es gibt kein ‚körperloses' Gebet. Die östliche Tradition mißt dem Körper im Beten größere Wichtigkeit zu als der Westen." Durch den Austausch dieser Erfahrung, sagt Okumura, kann das Christentum neu belebt werden. Auch die Spiritualität des westlichen Christen muß aus dem ‚Lassen des Leibes in Gott' hervorgehen.

Möge dieses kleine Buch dazu beitragen, Vorurteile auszuräumen und die Suche nach Christus bei unseren asiatischen Brüdern ernstzunehmen.

Köln, im Februar 1976 Waltraud Herbstrith

Vorwort

,,Stehe auf dem Grund, und der Weg wird geboren", lautet ein chinesischer Spruch. In diesem Buch verfolgte ich die Absicht, den Ursprung des Betens zu finden. Die Wurzeln des Gebets existieren im Boden. Um dahin zu gelangen, müssen wir in unserer Tiefe zu Gott durchbrechen. Darum spreche ich häufig von ‚durchbrechendem Gebet', von ‚unausgesprochenem Gebet', ‚zweckfreiem Beten'. Welche Form unsere Gebete auch haben können, das wahre Gebet liegt in der Entschlossenheit, unser Inneres auf Gott hin zu durchbrechen. Dies ist der rote Faden des Buches.

Wie in fast jedem japanischen Haus hatten meine Eltern ein Wandbrett in der Küche für die shintoistischen Götter (Kamidana) und einen buddhistischen Altar (Butsudan), vor dem die Verstorbenen der Gnade Buddhas anempfohlen wurden. Wie selbstverständlich hatte ich von meinen Eltern die Gewohnheit angenommen, ehe ich zur Schule ging, die Hände zu falten und kurz zu beten. Es war, glaube ich, am Ende der dritten Grundschulklasse, als mein Vater mich eines Tages fragte: ,,Du, was betest du da eigentlich?" Da die Frage so unerwartet kam, fand ich zuerst keine Worte, dann schüttelte ich den Kopf und antwortete: ,,Eigentlich nichts." ,,Das ist gut", erwiderte er und fügte, von meiner spontanen Antwort anscheinend nicht weiter berührt, hinzu: ,,Es ist gut, am Tag vor Gott

zu sein, und seien es auch nur ein paar Minuten. Es genügt, wenn du nur dastehst mit einem reinen Herzen."
Mein Vater vergaß diese Worte wieder. Ich aber kann mich noch jetzt, nach über vierzig Jahren, genau daran erinnern.
Als ich später in die Mittelschule kam, mußte ich täglich von Gifu nach Nagoya mit der Eisenbahn fahren. Mußte ich jetzt früh das Haus verlassen, so behielt ich doch meine alte Gewohnheit bei. Auf dem Weg zum Bahnhof lag ein Shintoschrein. Ich machte es mir zur Gewohnheit, auf dem Hin- und Rückweg vor dem Heiligtum stehenzubleiben und die Hände zu falten. Die wachsende Zahl der Beter seit Beginn des Krieges hatte mit meinem kleinen Gebet nichts zu tun. Wenn ich so vor Gott stand mit „eigentlich nichts", entweder vor dem Kamidana oder dem Shintoschrein die Hände faltete, wurde mein Herz auf wunderbare Weise leer und leicht.
Einige Jahre später wurde ich vom Zen stark angezogen. Dann wurde ich katholisch und trat bald in den Karmelorden ein. Bis heute, meine ich, habe ich mir den Geist der Einfachheit bewahrt. Denn Beten ist einfach, sonst ist es kein rechtes Beten. Hier liegt der Grundton des vorliegenden Buches: Ich möchte den Brennpunkt des Betens ermitteln. Der Brennpunkt heißt Einfachheit. Sie ist nicht nur eine Eigenschaft des Gebets, sondern liegt allem zugrunde. Wenn unsere Kompliziertheit zerbricht, finden wir Gottes Einfachheit. Beten heißt nicht, Gottes Einfachheit in uns finden, sondern unser Selbst wird in Gottes Ein-

fachheit gereinigt und klar.
Ich glaube, heute ist die Zeit angebrochen, in der wir wieder zur Tiefe des Betens zurückfinden müssen. Das Interesse an Yoga und Zen, die sich ausbreitende charismatische Bewegung in der Kirche beweisen es. Sind auch in jeder dieser Bewegungen noch manche für die heutige Spiritualität schwer zu integrierende Elemente, wird der Antrieb des Heiligen Geistes diese Elemente verwandeln und aus ihnen eine neue, lebendige Spiritualität bilden.
Die Gleichgültigkeit gegenüber dem Glauben bei einem großen Teil der heutigen Menschen, hat das Beten in die Ferne gerückt. Doch der Mensch darf die Hoffnung nicht aufgeben, Mensch zu werden. Mensch wird man nur, wie Nietzsche sagt, wenn man sich selbst überschreitet. Das entschlossene Durchbrechen zu Gott ist in das erlösende Geheimnis der Auferstehung Christi gehüllt. Im Glauben an die Auferstehung Christi erwacht in den Menschen die Sehnsucht nach einer vertieften, verinnerlichten Existenz.

Kyoto/Japan — Ichirō Okumura OCD

1 Gebet vor dem Beten

Gebet ist nach den Worten des Katechismus Anbetung Gottes, Dank für seine Gnade und Hilfe, Bitte um Vergebung der Sünden und um neue Hilfe und Gnade. Dabei soll der Mensch sein Herz zu Gott erheben und mit ihm Zwiesprache halten. Diese Erklärung ist sicher richtig. Doch wenn nur *das* Gebet sein soll, wer kann dann von sich behaupten, er bete wirklich? Wenn der Katechismus fortfährt, daß das Gebet zum Heil notwendig sei, wer wird dann überhaupt das Heil erlangen? Wir finden gute Menschen unter denen, die das Gebet nicht kennen und auch kein Verlangen nach dem Gebet haben. Warum soll denn das Gebet zum Heil notwendig sein, und was ist eigentlich der tiefste Grund des Gebets?
Weitaus die meisten Menschen – ob zu ihrem Glück oder Unglück – stehen weder in Opposition zu Gott, noch sind sie von seiner Liebe ergriffen. Sie verachten zwar nicht diejenigen, die zu Gott beten, doch sehen sie selbst keinen Sinn im Knien vor dem Altar. Für sie ist es Theater, wenn Gott in einem Tempel, einer Kirche oder auf einem Altar verehrt wird. Sie sind überzeugt, daß Gott, wenn er existiert, als Sittengesetz in unserem Inneren lebt (Kant). Aufgeklärte Vernunft und geläuterter, gesunder Menschenverstand geben ihnen Vertrauen zu sich selbst. In ihrer stoischen Gelassenheit verdienen solche Menschen unsere Hochachtung.
Doch täusche ich mich, wenn ich auf der Stirn derjenigen, die so sehr auf sich selbst vertrauen, einen unerklärlichen düsteren Schatten wahrnehme? Sie haben zwar zur Genüge gelernt, wie das Leben zu gestalten ist; aber die fundamentalen Fragen über

den Sinn des Lebens und ihre Identität bleiben für sie ohne Antwort. Diese Menschen wissen um die Fragen, ja sie kennen sogar gut die Gefahren solcher Fragestellung. Die Klugheit, den Fuß nicht in einen bodenlosen Sumpf zu setzen, führt sie notgedrungen zu diesem halben Kompromiß mit sich selbst. Dies ist die trostlose Traurigkeit, die die Stirn solcher Menschen verdunkelt. Manchmal werden sie zu Dichtern, die das abgrundtiefe Leid des Menschenlebens besingen.

Wenn Gebet darin besteht, Gott von ganzem Herzen zu suchen, kann dann die verzweifelte Verneinung Gottes nicht Kehrseite des Betens, Gebet der Rebellen genannt werden? Man sagt, wer im Bösen stark ist, kann auch im Guten stark sein. Einer der Gott bekämpft, kann zum Gefäß für Gottes Liebe werden, wie wir es bei Paulus sehen. Die Anziehung durch Gott offenbart ihre unsichtbare Kraft in der sichtbaren Qual derer, die sich von Gott entfernen.

Ist der Schrei derer, die Gott nicht nahekommen, nicht wie ein Gebet vor dem Beten, das aus dem Urgrund des Menschenherzens aufsteigt? Die Silhouette des Ewigen ist uns eingezeichnet, und sie wartet am Grunde der menschlichen Existenz darauf, erkannt zu werden. Paulus sagt: „Wenn auch der äußere Mensch aufgerieben wird, so wird der innerliche doch von Tag zu Tag erneuert“ (2 Kor 4, 16).

Welcher Impuls kann einen Menschen im Innern erwecken? Vielleicht ein unverhofftes, den ganzen Menschen erhebendes Glück, vielleicht Unglück oder Gottes Wort, das von einem für Gott entflammten Heiligen verkündigt wird, vielleicht das harte Leben eines außergewöhnlichen Asketen, das für den gewöhnlichen Menschen unerreichbar ist? Die Antwort ist klar: keines von allem vermag es. Der Mensch wartet im Innersten auf Gott. Allein durch Gottes Gnade kann er Ihn schauen. Gott, der über allem ist, der Herr, der uns Menschen regiert, offenbarte seine unbegreifliche Liebe in seiner Menschwerdung, seinem Leiden für jeden einzelnen von uns. Auch heute klopft Gott an die Tür unseres Innern. Das Gebet vor dem Beten ist das Aufmerken, das Hinhorchen auf dieses Klopfen. Die Seele erwacht im Urgrund des Geistes. Sie erschüttert den Körper und erhebt sich singend als Gebet zum Himmel. „Siehe, ich stehe vor der Tür und klopfe an. Wenn jemand meine Stimme hört und die Tür aufmacht, zu dem werde ich eintreten und Mahl mit ihm halten und er mit mir" (Offb. 3, 20).

2 Das Gebet – ein Paradox?

Wenn wir über Gott oder über all das, was von ihm abhängt, sprechen, sind wir beständig auf das Paradox angewiesen. Im Paradox erscheinen zwei sich völlig widersprechende Dinge in dialektischer Weise als Synthese. Im Prozeß des Gegenüberstehens von Konzepten oder Fakten gewinnen beide Seiten eine unteilbare Beziehung, das Paradox erhält Sinn. Man könnte sagen, so verhält es sich mit der Ober- und Unterseite des Papiers. Es gibt kein Papier, das nur eine Vorder- und keine Rückseite hätte.

Ein anderes Bild bietet uns die Bergwelt. Die hohe Spitze des Fujiyama ist öfters von Wolken verhüllt, und man kann sie nicht erkennen. Die Spitze des Paradoxes können wir mit unserem Verstand nicht fassen. Wenn wir die Spitze des Fujiyama auch nicht sehen können, wissen wir doch, daß es sie gibt. Die Gewißheit, die Wahrheit nicht sehen zu können, bildet den Kern des Paradoxes. In Bewegung und Stillstand, Zeit und Ewigkeit, Freiheit und Gnade, Zufall und Notwendigkeit, in Gottes Güte und der Realität des Bösen, kann man das Mysterium der gleichzeitigen Existenz zweier sich ausschließender Tatsachen erkennen.

Nicht anders verhält es sich mit dem Glauben, der Licht in der Finsternis ist. Auch im Licht ist Finsternis. Um dies zu erklären, bedient sich Johannes vom Kreuz eines Gleichnisses von Aristoteles. „Wie die Augen der Fledermaus zur Sonne, die sie blendet, so verhält sich unser Verstand zum höchsten Licht in Gott, das für uns gleichfalls völlige Finsternis ist." Gehen wir noch tiefer in der Erforschung des Glaubens, dann sehen wir, daß die Finsternis selbst Licht wird. Pseudo-Dionysius nennt dies den ,,Strahl der Finsternis Gottes". Johannes vom Kreuz zitiert auch aus dem Buch Exodus (14, 20): ,,Eine dunkle Wolke erhellte die Nacht", oder das Psalmwort (19, 3): ,,Ein Tag raunt dem anderen die Botschaft zu, und eine Nacht bringt der anderen die Kunde." Auch im Ausspruch des Zenmystikers Hakuin (18. Jh.): ,,Der finstere Schein des großen runden Spiegels ist wie Lack", läßt sich vom Standpunkt des Zen Ähnliches aufweisen.

Wie die Sterne, die am Nachthimmel leuchten, im Mittagslicht zu verlöschen scheinen, so wird Gott im Denken des Intellektualismus aus den Augen verloren. Wenn die heutige Zivilisation unter dem Verlust der Empfindung für Gott leidet, liegt der Grund dafür vielleicht im ,,Licht" der Zivilisation, im Rationalismus.

Gewiß sind die Lilien auf dem Feld mit mehr Schönheit ausgestattet als Salomo in all seiner Pracht. Der Mensch aber muß um sein tägliches Brot bitten. Liegt darin ein Sinn? Es gibt Menschen, die sich verpflichtet fühlen, für das zu bitten, was sie nicht unbedingt nötig haben, und sie versuchen, auch andere von der Notwendigkeit des Gebets zu überzeugen. Ist der religiöse Mensch nicht einer, der sich wichtig tut, der einfältig ist, weil er für die geringste Sache in übertriebener Weise dankt? Ist der religiöse Mensch nicht völlig überflüssig?

Wenn man annimmt, Gott existiere, er sei allmächtig und gütig, müßte er uns dann nicht als barmherziger Gott alle unsere Bedürfnisse erfüllen? Nichts sollte uns Sorgen bereiten, Gebete, Wünsche wären unnötig. ,,Sorget euch also nicht und saget nicht: Was werden wir essen? oder: Was werden wir trinken? oder: Was werden wir anziehen? Denn nach all dem trachten die Heiden. Euer himmlischer Vater weiß ja, daß ihr das alles braucht" (Mt 6, 31–32). Wofür beten wir eigentlich? Ist das Ge-

bet nicht unnütze Anstrengung des Geistes im Bitten um Essen, Kleidung und so weiter?
Wenn Gottes Willen unwandelbar ist und die Erlösung von Ewigkeit her vorausbestimmt, wozu nützt dann das Gebet? Wenn man in der Bibel liest: „Euer Vater weiß ja, was ihr braucht, bevor ihr ihn bittet“ (Mt 6, 8); und: „Keiner von ihnen ist verlorengegangen, außer dem Sohn des Verderbens, damit die Schrift erfüllt würde“ (Joh 17, 12), fragt man sich, warum gibt es so viele Schwierigkeiten im Leben, warum ist es notwendig, daß man sich in Sorgen abmüht?
Oder könnte es doch sein, daß unser Gebet Gottes Willen wandeln kann? Wenn Gott durch das Fasten und Büßen der Leute von Ninive dazu bewegt wurde, den geplanten Untergang abzuwenden, es ihn sozusagen „gereute“, zeigt das nicht, daß sein Wille zwar unveränderlich, doch nicht unbeweglich ist, daß er sich durch das Herz des Menschen bewegen läßt? (Joh 3,4–10; Ex 32,9–14; Jer 18,6–9; 26,1–3; Am 7,3–6). Jesus versichert: „Wenn ihr Glauben hättet wie ein Senfkorn, dann könntet ihr zu diesem Berg da sprechen: Rücke von hier weg dorthin, und er würde wegrücken“ (Mt 17, 20). „Wenn ihr zu diesem Berg da sagt: Hebe dich weg und stürze dich ins Meer, so wird es geschehen“ (Mt 21, 21). „Alles, um was ihr betet und bittet, glaubt, daß ihr es empfangen habt, und es wird euch zuteil werden“ (Mk 11, 24). Andererseits sagt Christus aber auch: „Wer von euch vermag mit seinen Sorgen seiner Lebenslänge eine einzige Elle hinzuzufügen?“ (Mt 6, 27). „Bei euch aber sind alle Haare eures Hauptes gezählt“ (Mt 10, 30). „Doch fällt kein Sperling zur Erde ohne euren Vater“ (Mt 10, 29).
Einerseits ist Gott den Menschen unendlich überlegen, er beherrscht das Weltall bis in den letzten Winkel, er ist ewig und unwandelbar. Andererseits soll Gott durch die armseligen Bitten

des Menschen und seine Tränen der Reue zum Sinneswandel bewegt werden – wie soll man das verstehen? Es ist nicht leicht, die Beziehung zu Gott im Gebet philosophisch oder theologisch zu erklären.

Vielleicht kann ein Gleichnis unsere Neugier zum mindesten trösten. Stellen wir uns ein kleines Boot vor, das mit dem Land durch ein Seil verbunden ist. Wird das Tau ins Boot gezogen, meint man, das Land würde zu uns gezogen. In Wirklichkeit bewegt sich das Land aber nicht, sondern wir werden mit dem Boot ans Land gezogen. Ebenso ändert das Gebet nicht Gottes Willen, sondern wir realisieren durch das Gebet Gottes Willen, wir werden zu Gott hingezogen.

Das Wesen des Gebets besteht weniger im Problem, ob Gott unsere Bitten erhört oder nicht, sondern im Verlangen nach der Verwirklichung von Gottes Erwartungen an uns und im Vertrauen: „Wenn du willst, kannst du mich rein machen“ (Mk 1, 40). In meinem Gebet liegt keine Kraft. Aber durch Gottes Willen kann ich rein werden. Die inständige Bitte, die im Vertrauen zu Gott gründet, wird zum Gebet. Wir sollten „zuerst das Reich Gottes und seine Gerechtigkeit“ suchen (Mt 6, 33). „Wir wissen ja nicht, um was wir bitten sollen, wie es sich gehört“ (Röm 8, 26). Zwischen unseren Bitten an Gott und Gottes Plan mit uns besteht ein Abgrund, dessen Tiefe wir nicht erahnen können. Zwischen dem Verlangen der betenden Mutter am Sterbebett ihres Kindes, die um ein letztes Wunder bittet, und der Grausamkeit des Schicksals, das das Kind der Hand des Todes anheimgibt, besteht die unerträgliche Last des „Schweigens Gottes“, das niemand versteht. „Mein Vater, wenn es möglich ist, so gehe dieser Kelch an mir vorüber. Doch nicht wie ich will, sondern wie du willst“ (Mt 26, 39).

Was denken wir über die Verwirklichung des Gebets Christi,

während ihm der Schweiß als Blutstropfen herabrinnt? Der Friede, das vollkommene Vertrauen Jesu am Kreuz, das sich in den Worten ausdrückt: „Es ist vollbracht“ (Joh 19, 30) – „Vater, in deine Hände befehle ich meinen Geist“ (Luk 23, 46) wird unvermutet durch den Todesschrei: „Mein Gott, mein Gott, warum hast du mich verlassen?“ (Mt 27, 45; Mk 15, 34) unterbrochen. Wie kann Christus, der Gott ist, von Gott verlassen worden sein? Im Paradox des Gott-Menschen Christus, in seinem Leiden am Kreuz und der darauf folgenden Herrlichkeit der Auferstehung ist die „Spitze“ des Gebets, des Glaubens und der Liebe erreicht.
Im Sterben für Gott zu leben, ist Liebe; in der Finsternis des Verstandes Gott zu sehen, ist Glaube. Die Oase, in der sich Gott in der Wüste der Seele verbirgt, ist das Gebet. Besitzt das Gebet genügend Kraft, um Gott zu bewegen, heißt das nicht, die Leidenschaft unseres Glaubens verändert den ewig unerschütterlichen Willen Gottes. Nicht Gottes Willen wird durch das Gebet verändert, sondern wir. Das sozusagen „nicht erfüllte Gebet“ führt zum Gebet Christi, das in das Mysterium des Kreuzes gehüllt ist. Auf den Tod folgt die Auferstehung. Man will nicht dem Leid entrinnen, sondern bittet um Glauben, der im Leid die Hand Gottes findet. Man bittet um die Kraft, durchhalten zu können, da man weiß: „Jahwe hat gegeben, Jahwe hat genommen“ (Ijob 1, 21).

Als ich eindrang in das Leid,
schwand das Leid.
Nur Leben blieb.

Yagi Jūkichi (1898–1927)

In dem Augenblick, in dem das Leben zur Fülle gelangt, lebt nicht mehr unser Ich, sondern Gott allein. „Ich lebe, doch nicht mehr als Ich, sondern Christus lebt in mir“ (Gal 2, 20).
Wahres Beten ist weder fanatisch, noch auf Vorteil bedacht. Doch auch der selbstsichere Ausspruch des Ritters Miyamoto Musashi: „Ich bin zu stolz, in Notzeiten zu beten“, paßt nicht hierher. Beten ist der Pulsschlag Gottes, der in der schlichten Seele eines Menschen strömt, der im Vertrauen zu Gott lebt.
Jener starke, doch ruhige Pulsschlag Gottes, der in der Stille des Herzens gehört wird, sammelt im Überschreiten von Raum und Zeit alle Wahrheitssucher.
Das neunjährige Schweigen des Zenpatriarchen Boddhidharma vor der Felswand wurde fünfzehnhundert Jahre lang zur nie versiegenden Quelle des Zengeistes. Die vierzig Tage und Nächte Einsamkeit Christi in der Wüste, in der er versucht wurde, machten zahllose Menschen reich, durchbrachen den Hochmut des Menschen und wurden zum Anfang wahrer Spiritualität.
In der Einsamkeit Christi, in der Stille Boddhidharmas, auf dem „Gipfel“ des Betens sterben die Worte. Das Schweigen wird zum Wort über allen Worten. Wird ein Gebet in Worten formuliert, müssen diese aus dem Schweigen der Liebe hervorgehen und zu diesem Schweigen zurückführen.

3 Atem der Seele

Augustinus prägte den Satz: ,,Gebet ist der Atem der Seele." Dies heißt: Beten ist für den Menschen vollkommen natürlich, wie das Atmen. Ferner: Es ist für den Menschen nicht möglich, das Gebet zu unterlassen. Atmet der Mensch nicht, dann stirbt er. Das Gebet ist also eine ,,natürliche Notwendigkeit". Zuerst möchte ich über den Kern der Behauptung, daß das Gebet etwas ,,Natürliches" ist, nachdenken. Teresa von Avila sagt: ,,Einer, der nicht zu beten weiß, ist wie jemand, der seine Hände und Füße nicht zu bewegen versteht" (Seelenburg, 1. Wohnung, Kap. 1, 6). Dies zeigt, wie natürlich das Beten für den Menschen ist. Von hier aus gesehen wäre es eigenartig zu sagen, Beten sei unmöglich oder kompliziert. Man kann sich wahrhaftig nicht vorstellen, daß Atmen für einen gesunden Menschen kompliziert, unmöglich oder beschwerlich sei. Der Mensch, der nicht atmen kann, ist krank. So ist es auch mit dem Beten. Wer es nicht kann, wem es schwerfällt, oder wer dadurch ermüdet, dessen Inneres ist krank.

Was ist das: Gesundheit der Seele? Die Antwort kann nur lauten: Liebe. Es gibt viele Definitionen für Liebe. Thomas von Aquin erklärt es so: ,,Man wünscht dem andern Glückseligkeit." Bedienen wir uns dazu noch der Worte Amiels, dann ist höchstes Glück, andere zu beglücken. Die Gesundheit der Seele bedeutet für den Menschen tiefstes Glück.

Das Glück des anderen wird zum eigenen Glück, das Unglück des andern wird als eigenes empfunden. Ein Mensch, der in so tiefer Verbindung zum Nächsten steht, kennt weder Egoismus noch Altruismus. Das heißt, man gibt sich weder für den Nächsten auf, noch nützt man andere für eigene Zwecke aus. „Eine größere Liebe hat niemand als der, der sein Leben für seine Freunde hingibt“ (Joh 15, 13). Lieben heißt: nur Liebe im Sinn haben, sich ohne Hintergedanken hingeben. „Wer sein Leben zu erhalten sucht, verliert es, wer sein Leben aufgibt, gewinnt es“ (Mk 8, 35 Par.). Hier findet sich das Herz des Gebets, es liegt im Verlangen der Liebe, sich und andere glücklich zu machen. Das Gebet strömt dann von selbst aus dem liebenden Herzen. Schon in den täglichen Begrüßungsformeln, drückt sich dies aus: „Grüß Gott!“ „Adieu!“ „Gott behüte dich!“ Bei großen Naturkatastrophen, Unfällen, Schiffbrüchen sehen wir in den Zeitungen oft Bilder von Mitgliedern der Regierung, die beten, daß die Dahingegangenen in Frieden ruhen mögen. Wünschen bei solchen Ereignissen nicht sogar ungläubige Kommunisten und Menschen, die ihr Leben ohne Gott oder Buddha führen, in ihrer Weise dem anderen Glück und Wohlergehen? Diese Liebe ist Ausdruck der Gesundheit der Seele. Sie ist das wahre Leben des Menschen. Das Gebet kann man als Atem dieser Liebe bezeichnen.

In einem schönen lateinischen Wortspiel heißt es: „Anima potius est ubi amat quam ubi animat: Leben ist eher dort, wo geliebt, als wo gelebt wird.“ Für den Menschen heißt Leben lieben, nicht lieben wäre Sterben. Im Japanischen gebraucht man für Sterben das Wort „nakunare“, nicht mehr sein. Das heißt: Der Mensch existiert nur dann, wenn er liebt. Wer nicht liebt, gleicht einem Toten.

Augustinus nannte die Hölle „einen Widerspruch in sich selbst“. Man sagt, unter den Schizophrenen gebe es solche, die das Fensterglas in ihrer Zelle zerbrechen, sich selbst damit schneiden und sich mit Blut beflecken. Vom Kranken im Evangelium lesen wir: „Immerfort, bei Nacht und bei Tage, war er in den

Grabhöhlen und auf den Bergen, stieß Schreie aus und zerschlug sich mit Steinen" (Mk 5, 5). Fühlen wir nicht das gleiche Elend des Selbstwiderspruchs und der Schizophrenie, wenn wir Menschen hassen oder verachten?

Der Atem der Seele ist das Gebet. Wer nicht beten kann, liebt nicht. Wer nicht lieben kann, betet nicht. Zwischen Liebe und Gebet besteht eine Beziehung, die unauflöslich ist. Ein Gebet ohne Liebe ist nur eine Äußerlichkeit, eine tote Form. Liebe, die nicht aus dem Gebet hervorgeht, ist unbeständig wie eine Eintagsfliege. Eine wortreiches, langes Gebet ist noch lange kein wahres Gebet (Mt 6, 7). Wer wissen will, ob sein Gebet echt ist oder nicht, kann es an seiner Nächstenliebe ermessen.

4 Ursprung des Betens

Im Neuen Testament wird Liebe mit dem besonderen Wort Agape bezeichnet. Später wurde der Begriff Eros ihm gegenübergestellt. Paulus gebraucht das Wort Agape nicht für die Liebe des Menschen zu Gott. Das Zeitwort lieben erscheint nur zweimal (Röm 8, 28; 1 Kor 8, 3). Paulus möchte sagen: Die christliche Liebe, die Agape genannt wird, hat sich in Christus geoffenbart, sie ist die Liebe, die Gott zum Menschen hat. Agape ist jene Liebe Gottes, die zum Nächsten weiterströmt. Es ist bemerkenswert, daß Agape in den Evangelien nur sehr selten genannt wird. Bei Markus finden wir das Wort ,,Agape" gar nicht, bei Mattäus (24, 13) und Lukas (11, 42) kommt es je einmal vor. Auch das Wort lieben wird in den Evangelien nicht häufig gebraucht. Der Grund dafür liegt darin, daß Gott durch sein Tun seine Liebe zum Menschen offenbarte. Wahre Liebe liebt den Nächsten wie sich selbst. ,,Darin besteht die Liebe, nicht daß wir Gott geliebt haben, sondern daß er uns geliebt hat und seinen Sohn als Sühne für unsere Sünden gesandt hat" (1 Joh 4,10). Wir können lieben, weil Gott uns zuerst geliebt hat (1 Joh 4,19).

Wenn Gott Liebe ist und Liebe aus Gott ist, dann ist Beten der Pulsschlag, der Atem der Liebe, der ,,aus Gott ist". Wenn wir beten, hat Gott zuerst für uns gebetet. Der Ausdruck ,,Gott betet" mag noch schwerer zu begreifen sein als ,,Gott liebt". Doch man kann sagen, dies ist eine notwendige Folgerung aus dem Ausdruck: ,,Die Liebe ist aus Gott." Die Liebe in Gott, die unser Leben durchpulst, ist das Beten Gottes, das unsere Herzen bewegt. ,,Ebenso nimmt sich auch der Geist unserer Schwachheit an. Wir wissen ja nicht, um was wir bitten sollen, wie es sich gehört. Da tritt der Geist für uns ein mit unaussprechlichen Seufzern" (Röm 8, 26). Was hier Geist genannt wird, ist der Geist Gottes, der Heilige Geist, der Geist der Liebe. Gottes Heiliger Geist betet innig für uns, wenn wir nicht beten können.

Wir meinen gewöhnlich, Beten sei Bitten und Gott suchen. Das hieße aber nur die letzte Hälfte des Vaterunsers in Betracht zu ziehen. Vor der Bitte: ,,Unser tägliches Brot gibt uns heute" sollen wir beten: ,,Dein Name werde geheiligt, dein Reich komme." Zeigt sich hier nicht Gottes Bitte an uns? Wenn wir sagen ,,Dein Wille geschehe, wie im Himmel so auf Erden", dann ist das ein Wunsch Gottes, der das Reich Gottes auf Erden verlangt. Der Kern des Gebetes ist: ,,zuerst Gottes Reich und seine Gerechtigkeit" zu suchen (Mt 6, 33). Der Schwerpunkt des Gebets liegt nicht darin, daß Gott unsere Wünsche hört, sondern daß wir um den Willen Gottes beten.

Das Beten des Geistes muß zur Seele unseres Gebets werden. Da unsere Ohren taub, unsere Augen blind sind, da wir öfters Gottes Stimme nicht hören und ihn aus den Augen verlieren, sollen wir darum bitten, Gottes Verlangen zu erkennen. Das Gebet ist die Bitte, die auf Gottes Bitte antwortet. Beten, das durch Gottes Gebet belebt ist, ist wahres Beten. Schauen wir auf das Bild der Quelle. Gottes Wünsche gleichen dem Regen, der vom Himmel herniederströmt. Der Mensch ist wie die Erde, die den Regen empfängt und ihn aufsaugt. Das in die Erde gesickerte Wasser wird Grundwasser. Bald sprudelt es als Quelle hervor. Diese Quelle kann man unser Beten nennen. Es gäbe keine Quelle, wenn es nicht vom Himmel geregnet hätte. Ist aber kein Herz da, das den Regen vom Himmel empfängt, das leer ist, wie die durch das Grundwasser entstandenen Höhlen, sprudelt auch keine Quelle hervor.

Ist ein Herz hart wie Stein, ist es ein Panzer von eigensüchtigen

Vorstellungen, dann können sich noch so viele Gebete Gottes hinein ergießen, es wird kein wahres Beten daraus hervorquellen. Ehe man sich an eigene Wünsche und Hoffnungen klammert, muß das Verlangen nach Gottes Wünschen, das Hoffen auf Gottes Hoffen, zum Ursprung des Betens werden.

> Saat, die gesät in den Himmel,
> wächst umgekehrt zum Boden,
> voll guter Früchte.
> Als Samen kehrt sie zum Himmel zurück.

Yagi Jūkichi

5. Schweigen in Gott

Gebet läßt sich als Zwiesprache mit Gott definieren. Hierbei muß ich an den Besuch einer engagierten Protestantin bei uns im „Haus des Gebets" denken. Während wir uns unterhielten, wurde es Zeit zur abendlichen Meditation. Ich sagte: „Bis zum Abendessen haben wir Meditation. Gehen wir gemeinsam zur Kapelle." Sie fragte: „Was ist Meditation?" Da ich keine Zeit mehr hatte für eine lange Erklärung, erwiderte ich: „Man kann es Gebet der Stille nennen. Es ist gut, allein zu beten." Darauf sie: „Eine ganze Stunde lang? Das ist zu lang. Zehn oder fünfzehn Minuten lang kann ich wohl mit Gott sprechen, doch darüber hinaus finde ich keine Worte mehr." Ich dachte eine Weile nach und antwortete: „Wenn Sie beten, ist das, wie wenn jemand an die Haustür klopft und ruft: ‚Darf ich stören?' Kommt der Bewohner dann etwas später und fordert Sie auf, hereinzukommen, erwidern Sie: ‚Ja, auf Wiedersehen', drehen sich um und gehen fort." „Was meinen Sie damit . . .?" warf sie etwas verärgert ein. Ich beschloß unser Gespräch mit dem Vorschlag: „Setzen Sie sich still in die Kapelle und Sie werden sehen."

Meine Worte waren etwas scharf einem Menschen gegenüber, den ich eben erst kennengelernt hatte. Doch die Dame saß ganz gehorsam, eine Stunde lang in der Kapelle. Später gestand sie, sie habe sich mit der Zeit auf unmerkliche Weise an die Meditation gewöhnt. Ich freute mich darüber.

Damals überlegte ich mir, ob es nicht besser wäre, das Gebet, anstatt Gespräch mit Gott, Schweigen vor Gott zu nennen. Der Dialog mit Gott ist selbstverständlich etwas anderes als unser gewöhnliches Sprechen mit Menschen. Die Vertrautheit, die beim Beten aus dem inneren Licht erwächst, wird Danksagung, Lobpreis, Demut, Reue, Entschlossenheit. Darum nennt Johannes Damaszenus das Gebet ein Erheben des Herzens. Augustinus spricht vom Dialog mit Gott, Teresa von Avila von einer Freundschaft. Diese Begriffe können wir die äußere Seite des Betens nennen. Stellen wir ihr eine Innenseite gegenüber, ist das Gebet nicht Gespräch, sondern Schweigen, nicht Erhebung des Herzens, sondern Versenkung in Gott. Wir können noch weitergehen, indem wir nicht nur das Herz, sondern auch den ganzen Leib in Gott versenken, ganz in Gott ruhen. Ist dies dann ein zweckfreies Beten, das sich zum intentionalen Gebet verhält wie die äußere Seite zur inneren? Johannes vom Kreuz nennt dieses Beten ein Schlummern aller Fähigkeiten und weist es einem hohen Gebetszustand zu. Wir treffen diese Ruhe aber von Anfang an an. Sie ist die Grundlage jedes Betens.

In diesem Beten zerbrechen wir uns nicht den Kopf über Gott, sondern lassen unser Herz in Gott ruhen. Immer werden Sorgen auf uns eindringen, denn wir sind schwache Menschen. Solange wir auf Erden leben, sind wir nicht frei von Kummer. Gerade während des Betens kann die Unruhe in uns zunehmen, und wir wissen nicht, ob wir überhaupt noch beten. Doch auch dann, gerade dann, müssen wir weiter beten. Stehen uns die Sorgen bis zum Hals, wachsen Sie uns über den Kopf, können wir trotzdem immer Geist und Körper in Gott versenken. Der Druck der einzelnen Nöte hört dann auf, die Sorgen können sogar zur Nahrung des Gebets werden.

Können wir nicht beten und mühen wir uns dennoch, dann betet Gott in uns. Wenn wir voll Traurigkeit bitten: „Ich kann nicht lieben, o Gott, laß mich dich lieben“, ist dies nicht mehr menschliche Liebe, sondern Gottes Liebe, die zu wirken beginnt. Haben wir ein schweres Herz, helfen viele Worte nichts. Erst der Verzicht auf wohlgeformte Bitten und das Sich-Überlassen an das zweckfreie Gebet, zeigt uns, was Beten wirklich ist. Wir begreifen im Unterbewußtsein das Beten im Gebet, das gleichsam wie die Rückseite unserer Verstandestätigkeit ist.

6. Wahres Gespräch

In der japanischen Tageszeitung „Asaki" erschien in einer Serie mit Schnappschüssen und kurzen Gedichten von Toshiko Takada folgender Beitrag unter dem Titel: „Eine freie Bank". Das Foto zeigte Mutter und Kind auf einer Bank unter einem Baum im Winkel eines Städtchens.

Mutter und Kind,
obwohl sie häufig im Laufe des Tages
zu reden scheinen
führen kaum ein wahres Gespräch.

Deshalb laßt uns ein Gespräch führen
auf dem Rückweg vom Einkaufen,
nach der Wäsche,
selbst nur für zehn Minunten,
einfach mal so das Haus verlassen.

Dafür gibt es den einladenden Schatten eines Baumes
Dafür gibt es eine freie Bank.

Als ich das Gedicht gelesen hatte, überlegte ich, was sich Frau Takada unter einem wahren Gespräch vorstellt. Inhaltlich wird es kaum einen Unterschied zwischen dem „Gespräch auf der Bank unter dem Baum" und dem gewöhnlichen Gespräch geben. Ja, gerade das gewöhnliche Gespräch, das nur mit dem Alltäglichen zu tun hat, mag, praktisch gesehen, für Erwachsene

und Kinder wichtiger sein. Vielleicht denkt man beim Betrachten des Schnappschusses: Sitzen da nicht Mutter und Kind in nutzloser Unterhaltung auf einer Bank? Obwohl es ein Gespräch ist, das nicht geführt werden muß, nennt es Frau Takada ein wahres Gespräch. Das heißt, wahres Sprechen wird nicht vom Inhalt, sondern von den Umständen, unter denen es geschieht, bestimmt. Es genügt, einfach einmal für zehn Minuten das Haus zu verlassen, sich freizumachen. Die Umstände tragen zum wahren Gespräch bei. Es ist dann gleichgültig, was man bespricht. Die Tatsache des Sprechens selbst formt das Gespräch. Treffen sich Verliebte, ist nicht von Bedeutung, was sie besprechen, sondern daß sie überhaupt miteinander sprechen, macht ihnen Freude. Hier geht es nicht um einen Nutzen, um dessentwillen man sich unterhält, es ist Gespräch um des Gesprächs willen, es ist reines Gespräch.
Für diese freie Zeit, die man sich selbst wählt, gebraucht man im Japanischen das Schriftzeichen des Tors, des Zwischenraums, in den die Sonne scheint. Wir sollten im arbeitsreichen Leben Raum für Sonnenstrahlen, für Gottes Licht schaffen. Gebet ist Platzmachen für Gottes Licht.
Vielleicht kommen uns während des Betens, in der Meditation, nur gewöhnliche Gedanken in den Sinn, vielleicht sind wir angefüllt mit Tagessorgen. Ob die Gedanken, die kommen und gehen, gut oder schlecht sind, hat nichts zu tun mit wahrem Beten, mit dem wahren Gespräch mit Gott. Es ist, wie Teresa von Avila es ausdrückt: „Das Bewußtsein, von Gott geliebt zu sein, macht die vertraute Beziehung zwischen Gott und mir aus“ (Leben, Kap. 8, 5). Wie es für eine Mutter und ihr Kind wichtig ist, auch nur für einige Minuten das Haus zu verlassen, um füreinander Zeit zu haben, so müssen wir im geschäftigen Alltag für Gott Raum schaffen, in den hinein das Licht Gottes strömen

kann. Dies nennt man Meditation oder Kontemplation. Doch vor und nach jeder theologischen Unterscheidung zwischen Meditation und Kontemplation, sollten wir in dem Zustand sein, der Grundlage allen Betens ist, nämlich im zweckfreien Gebet.
Wenn der Meister der Teezeremonie, Sen no Rikyu von der komplizierten, feierlichen Teezubereitung (Sadō = Weg des Tees) sagt: ,,Die Teezeremonie ist Wasserkochen, Tee aufgießen und trinken", dann ist Beten das Lassen unseres Leibes in Gott.

7. Nahrung des Gebets

Ein Student schrieb mir einmal, Gebet sei für ihn Freude und Trübsal, aber auch Liebe und Haß. Es ist nicht falsch, Liebe Gebet zu nennen. Doch wird gesagt, daß auch Haß Beten sei. Dies ist aber genau das Gegenteil von Beten.

Unter Beschauung (= Kontemplation) versteht man den vertrauten Verkehr mit Gott, der die Liebe ist (Teresa von Avila, Leben, Kap. 8, 5). Ist die Beschauung echt, muß die Liebe zum Nächsten uns erfüllen. Teresa von Avila sagt, wir sollten in unser Gebet nicht allzuviel Vertrauen setzen, wenn wir nicht einmal eine Beleidigung vergeben könnten (Weg der Vollkommenheit, Kap. 36, 8). Dies widerspricht der Ansicht des Studenten.

Hier ist es notwendig zu unterscheiden. Wie Leben und Nahrung verschieden sind, so ist Gebet und Nahrung des Gebets nicht das gleiche. Der Geist beseelt den Körper, Nahrung zur Erhaltung des Lebens besteht aus gewöhnlichen Speisen. Ebenso ist Liebe das Leben des Gebets, vor allem die Liebe, die „aus Gott" ist (1 Joh 4, 7). Um diese in uns zu nähren, brauchen wir Nahrung für das Gebet. Sie besteht aus den alltäglichen Ereignissen unseres Lebens. Das Gewebe des menschlichen Lebens: Erfolg und Mißerfolg, Glück und Unglück, gibt dem Gebet Nahrung. Wir müssen unterscheiden zwischen Gebet und Nahrung des Gebets. So muß man den Ausspruch des Studenten verstehen. Auch Haß kann zur Nahrung des Gebets werden, indem er durch Liebe verwandelt wird.

Alle Ereignisse unseres Lebens, sogar Sünden und Fehler, können in das Gebet hineingenommen werden. Wenn der Mensch weiß, daß Leben im Grunde Lieben ist, dann steigen in der Tiefe

seines hassenden Herzens Tränen über das eigene Elend auf. Seine Unfähigkeit, verzeihen zu können, wird zu einer Quelle großen Schmerzes. Christus sagt: „Nicht siebenmal, sondern siebenmal siebzigmal sollst du vergeben" (Mt 18, 22).
Jeder weiß, unsere täglichen Gedanken enthalten nicht nur strahlendes Licht und heilige Liebe. Selbst während des Betens, das doch eine innige Liebesbeziehung sein sollte, können wir uns nicht schützen vor der Qual des Hasses und Zorns. Sich einzubilden, das sei kein Beten mehr und deswegen das Gebet aufzugeben, wäre unklug. Es gehört zum Los des Menschen, daß selbst unter guten Menschen Mißverständnisse und Streitigkeiten nicht aufhören. Wir können das bedauern, aber dies gehört einfach zum Ablauf unseres täglichen Lebens.
Der Mensch lebt nicht von Luft und Licht allein. Er muß im Schweiß seines Angesichts arbeiten und aus Dornen seine Nahrung holen (Gen 3, 18–19). Er muß diese von Schmutz reinigen, waschen und kochen. Ohne diese Vorbereitung könnten wir keine Speisen zu uns nehmen. Ein großer Teil der Nahrung verläßt unseren Körper wieder. Es gibt keine Nahrung, die wir vollkommen essen können. Ähnlich ist es mit der Nahrung des Herzens, dem Gebet. Gibt uns Gott Kastanien, gibt er sie nur mit einer stachelbesetzten Hülle. Würden wir die Kastanien liegenlassen, weil die Stacheln stechen, könnten wir auch die Frucht nicht essen. Das Verurteilen anderer Menschen, gleicht einer stacheligen Hülle. Nimmt man jedoch die Stacheln in Kauf, dann gelangt man auch zur Frucht.
Manchmal gibt uns Gott Nahrung, die Steinen ähnlich sieht. Dann ist es gut, an die Perle der Auster zu denken. Gelangt ein kleiner Stein, den die Auster nicht verdauen kann, in ihren Körper, läßt sie ihn dort, ohne ihn zu entfernen. Lange Zeit hindurch bedeckt sie ihn mit ihrer Körperflüssigkeit, und es entsteht eine

wunderbare Perle. Antipathie und Haß im eigenen Herzen gleichen einem unverdaulichem Stein. Bewahren wir ihn jedoch im Innern, wird er eines Tages, in den Geist des Gebets eingehüllt, zu einer Perle der Liebe.

Beten bewirkt das Wunder der Liebe. Für betende Menschen gibt es keine ungenießbare Nahrung. Gerade das, was man nicht essen kann, wird zur wahren Nahrung des Geistes.

8. Kinder beim Beten

Ich sage euch, spricht Gott, nichts Schöneres kenne ich auf der ganzen Welt, als ein Kind, das beim Beten einschläft.

Ich sah das tiefe Meer, den tiefen Wald, das tiefe Herz des Menschen.

Ich sah Herzen, die das ganze Leben der Liebe hingegeben hatten . . .

Ich aber sage euch, sagt Gott,
Ich kenne nichts Schöneres auf der ganzen Welt als ein Kind,
das beim Beten einschläft.
Unter dem Flügel seines Schutzengels
schläft dieses kleine Wesen voll Vertrauen,
und sein „Vaterunser" und „Gegrüßet seist du, Maria"
gehen ineinander über.

Charles Péguy, Das Geheimnis der unschuldigen Kinder

Péguy wird der Theologe der Hoffnung genannt. Er spricht zu uns von der Herrlichkeit wortlosen Betens. Im fünften Kapitel erwähnten wir das zweckhafte und zweckfreie Beten. Vollkommen absichtsloses Beten finden wir beim Kind, das während des Betens einschlummert. Wenn in den Maria geweihten Monaten Mai und Oktober die Familien den Rosenkranz beten, sieht man oft das jüngste Kind schlafen, den Rosenkranz in den kleinen Händchen. In diesem Kind sieht Péguy ein Bild für zweckfreies Beten. Es ist wirklich nicht gut, beim Gebet viele Worte zu machen (Mt 6, 7).

Wir sollten daher das Gebet weniger Gespräch mit Gott nennen, sondern Schweigen vor Gott, Schweigen in Gott. ,,Mögen wir wach sein oder schlafen, wir leben in Gemeinschaft mit Christus" (Thess 5, 10). Bezieht sich das nicht auf die Ruhe des Betens?

Wem fiele es schwer zu schlafen, wenn er müde ist? Manchmal gibt es Menschen, die gewöhnlich dann einschlafen, wenn es Zeit zur Meditation ist. Beim Schlummer des Kindes während des Betens, dessen Schönheit Péguy berührte, liegt der Fall anders. In der Gestalt des Kindes finden wir Freude und Vertrauen, sich in Gott geborgen zu wissen.

Der Friede im Gebet gründet im völligen Vertrauen auf Gott. Wenn man den Dingen dieser Welt gegenüber blind sein und seinem Ich absterben soll, dann ist Ruhe im Gebet die Verwirklichung dieses liebenden Vertrauens. Man vergißt sein Selbst in Gott. Wie unsere Kräfte durch die Ruhe im Schlaf erneuert werden, so erwachen wir zu Gott aus dem Schlaf des Gebets. Beten ist die wunderbare Einheit von Wachen und Ruhen in Gott. Die Worte des Zenmeisters Kesso Savagi: ,,Zazen heißt, im Winterschlaf sein und dennoch die Welt sehen", könnten sich auch auf diese Stellen beziehen. In einem solchen Beten ist Jesus anwesend, er, der sogar im Sturm schlief. In diesem ,,Schlaf" ist das Herz wach, und bereit, dem Ärmsten einen Becher Wasser zu geben (Mt 10, 42).

9. Gott hören

Um das Beten in seiner Tiefe zu verstehen, ist es nötig, dem Gebet als Gespräch mit Gott (Außenseite) das Gebet als Schweigen vor Gott (Innenseite) gegenüberzustellen. Daraus ergibt sich ein drittes: Beten heißt, Gott zuhören. Wir sollten keine Monologe vor Gott führen. Sowohl im Alten als auch im Neuen Testament wird oft auf das Hören von Gottes Wort hingewiesen.

Im Hören finden sich mehrere Dimensionen. Wir sollen erstens hinhören, aufmerken auf Gott. Was wir hören, darf nicht in ein Ohr hinein und aus dem anderen wieder heraus. Wir müssen das Gehörte wie Maria im Herzen bewahren (Lk 2, 19/21). Gott spricht nicht durch Worte, sondern durch Ereignisse. Bei Johannes ist die Bedeutung des Hörens noch weiter ausgelegt. Wir sollen verstehen, von wem die Stimme kommt, den Sprecher an der Stimme erkennen (Joh 10, 14/27).

Unsere Gedanken und unser Herz sind zu sehr angefüllt von vielerlei Stimmen; zum Beispiel von Kritik an anderen, so daß die täglichen Ereignisse, in denen Gottes Wort verborgen ist, vergiftet und ungenießbar werden. Unsere Stimme der Selbstverteidigung, der Rechtfertigung, ist ein Schild gegen Gottes Stimme. Wir werden darunter taub. Beten heißt, die vom Lärm betäubten Ohren des Herzens zu öffnen, damit wir die wahre Stimme des Hirten vernehmen.

Im Hören ist noch ein anderer Sinn verborgen. Ein Kind, das gut hört, ist gehorsam. „Meine Schafe hören meine Stimme. Ich kenne sie, und sie folgen mir“ (Joh 10, 27). Das lateinische Wort obedientia (Gehorsam) kommt von hören (audire). Schon bei

Samuel heißt es: „Hat Jahwe etwa ein solches Gefallen an Brandopfern und Schlachtopfern, wie am Gehorsam gegen den Befehl Jahwes? Siehe, Gehorsam ist mehr wert als Opfer und Aufmerken besser als das Fett von Widdern“ (1 Sam 15, 22). Liegt nicht die tiefste Bedeutung, ja Erfüllung des Hörens und Gehorchens im Zusammensein mit Christus? Darin, daß wir eins werden im geheimnisvollen Leib Christi, ein Teil Christi? „Ich bin der Weinstock, ihr seid die Rebzweige. Wer in mir bleibt und ich in ihm, der bringt viel Frucht. Denn ohne mich könnt ihr nichts tun“ (Joh 15, 5).

Hier ist wichtig zu bemerken, was die Nachfolge Christi über das Hören der Stimme Christi sagt: Hören ist Losschälung, Reinigung. „Ich bin der wahre Weinstock, und mein Vater ist der Weingärtner. Jede Rebe an mir, die keine Frucht bringt, entfernt er, und jede, die Frucht bringt, reinigt er, daß sie mehr Frucht bringe. Ihr seid schon rein durch das Wort, das ich zu euch geredet habe (Joh 15, 1–3).

Wer Christus zuhört, ihm folgt und angehört, muß Haus, Weib, Brüder, Eltern und Kinder um des Reiches Gottes willen verlassen (Mt 19, 29; Lk 18, 29). Er muß selbst zum Nichts werden, nackt dem Nackten folgen, „nudus nudum sequitur“, wie Hieronymus es ausdrückt.

Wir müssen lernen, uns durch Christi Worte beschneiden zu lassen, damit wir mit ihm sprechen können: „Meine Speise ist es, den Willen dessen zu tun, der mich gesandt hat“ (Joh 4, 34). Das gleiche sagen wir auch in den ersten drei Bitten des Vaterunsers. Oft sind es für uns wichtige Dinge, die nicht nach Gottes Plan sind, und von denen wir durch sein Wort losgeschält werden müssen. Durch Kritik, Neid, Mißverstehen und Machtausübung anderer, durch unvorhergesehene Unglücksfälle und grausame Prüfungen, werden wir losgeschält. Um den Frieden

Gottes zu erlangen, ist diese strenge Losschälung notwendig. „Meinen Frieden gebe ich euch. Nicht wie die Welt ihn gibt, gebe ich ihn euch“ (Joh 14, 27). Wo kein Kreuz ist, ist keine Auferstehung. Durch das Blut Christi am Kreuz sind wir erlöst. Auch wenn wir jetzt noch leiden, wird aus unserer Ruhe im Herrn eine Freude fließen, die uns keiner nehmen kann.

Diese Stille ist mein Leben.
Diese Stille ist mein Gott.

Kotaro Takamura
(1883–1956)

Das reine Gebet lebt in der Stille des Herzens dessen, der vor Gott schweigt, der versteht, auf ihn zu hören.

10. Anthropologie des Gebets

Wir nannten das Gebet ‚Atem der Seele'. Doch wir können körperliche Elemente nicht einfach auf Geistiges übertragen. Wenn wir im Geiste beten, so beten wir nicht im Geiste allein. Es ist gut, wenn wir das Gebet ‚Atem der Seele', ‚Hauch der Liebe' nennen. Mühen wir uns aber um seinen konkreten Aufbau, müssen wir Elemente aus der Psychologie und der Ontologie heranziehen. Dies nennen wir ‚Anthropologie des Gebets'.
Das Problem, um das es beim Beten geht, ist das Verhältnis von Beten und Leben, Aktivität und Meditation. Daß wir hier vieles nicht richtig erkennen, liegt daran, daß wir es nicht klar sehen. Vor etwa hundert Jahren zeichnete ein unbekannter Pilger in Rußland seine Erfahrungen mit dem Jesusgebet auf. Sein Buch wurde in viele Sprachen übersetzt und bewegte manchen Menschen („Aufrichtige Erzählungen eines russischen Pilgers", Hrg. von Emmanuel Jungclaussen, Herder, 1974). Als der Pilger im ersten Brief an die Thessalonicher las: „Betet ohne Unterlaß" (Thess 5, 17), dachte er Tag und Nacht darüber nach, wie er diesen Rat verwirklichen könnte. Auf seiner Pilgerfahrt traf er einen Einsiedler, der ihm das Buch ‚Philokalia' zeigte. Er nahm die dort gelehrte altehrwürdige Methode des Betens, den Hesychasmus der Ostkirche, an. Das griechische Wort ‚hesychia' bedeutet Stille. Das Herz wird ruhig, wenn man mit jedem Atemzug spricht: ‚Herr Jesus Christus, erbarme Dich meiner.' Wer dies übt, sagt man, erreicht den Zustand der Einheit mit Gott. Darum heißt es Jesusgebet.

Auch im Buddhismus finden sich ähnliche Übungen. Beim Nenbutsu, der Jōdo-Sekte, soll man durch die Rezitation der Worte ‚Namu Amida Butsu' (Heil, Amida Buddha) das reine Land (Jōdo) erreichen. Es gibt Übungen, bei denen man Steine als Hilfe zum Zählen benutzt. Oder man rezitiert dieses Gebet zehntausend Mal, indem man um eine heilige Stätte zieht. Beim christlichen Beten, zum Beispiel den Litaneien und dem Rosenkranzgebet, finden wir ähnliches. Der russische Pilger widmete sich mit allen Kräften dem Jesusgebet. Am Anfang konnte er täglich dreitausend-, später sechstausend-, und zuletzt sogar zwölftausendmal am Tag das Jesusgebet rezitieren. Das mit jedem Atemzug gesprochene Gebet verinnerlichte sich und paßte sich dem Herzschlag an. Auf den ersten Schlag spricht man ‚Herr', auf den zweiten ‚Jesus', auf den dritten ‚Christus' und so weiter. Der Pilger erreichte einen so hohen Grad der Übung, daß man sie als übernatürlich bezeichnen muß. Durch diese Gebetsmethode hatte er tiefe Gebetserfahrungen.
Hierher gehört auch die Übung der ‚Gegenwart Gottes', in der wir die Aufmerksamkeit auf den Herrn lenken. In letzter Zeit wird viel von östlichem Yoga und Za-Zen gesprochen. Das Christentum wird belebt durch die Erfahrung, den Körper in das Beten einzubeziehen. Dies zeigt, daß Beten, sei es im Yoga, Zen oder Christentum, immer Beten des ganzen Menschen ist, und daß es ein sogenanntes körperloses Gebet gar nicht gibt. Die östliche Tradition mißt dem Körper im Beten größere Wichtigkeit zu als der Westen.
Östliche und westliche Mentalität sind verschieden, daher haben sie verschiedene spirituelle Strukturen. Im Christentum ist der Mensch eine Persönlichkeit, die in Gott ihr Zentrum findet. Im Osten legt man größten Wert auf die Übung der Selbstdisziplin.

Im westlichen Christentum stellen wir einen Trend zum Intellektualismus fest, in den östlichen Religionen zum Empirismus. Ob gut oder schlecht, jede Sphäre hat ihre eigenen Probleme.

11. Einheit von Körper und Geist

Der Mensch besteht aus zwei verschiedenen Grundelementen: Körper und Geist, die aber eine Einheit bilden. Im Gebet, diesem anscheinend rein geistigen oder psychologischen Phänomen, hat diese Polarität von Körper und Geist besonderes Gewicht. In den verschiedenen buddhistischen Sekten wird die Wichtigkeit des Körpers beim Gebet, der Meditation, hervorgehoben. Dōgen (1200–1253), der berühmte Gründer der japanischen Sōtō-Sekte, polemisiert gegen das Singen des Nenbutsus, der Anrufung Buddhas um Heil. Er vergleicht es mit dem Quaken der Frösche im Frühling. Doch keiner betont die Körperbezogenheit des Betens mehr als er. Er lehrt: „Üben wir, ohne zu begreifen, ohne Erleuchtung.“ Oder: „Keine Erleuchtung (Satori), kein Gewinn, nur gesammeltes Sitzen (Shikantaza).“ Hier befinden wir uns in der Welt der Askese, jenseits des Verstehens. Hier ist Einheit von Körper und Geist. Man läßt jede geistige Aktivität und ‚sitzt‘ nur.
Bei Shinran, dem Gründer der Jōdō-Shin-Sekte, geschieht Erlösung nur durch die Anrufung des heiligen Namens Buddhas. Sein Hauptanliegen war die Beziehung zwischen der Erlösung durch das Anrufen des heiligen Namens (Myōgo), und der Erlösung durch das Gelöbnis Amidas, der sagte: „Alle, die mich anrufen, werden gerettet“ (Seigan). Wie die Ober- und Unterseite eines Papiers gehören für Shinran die große Gnade Amidas und das blinde Vertrauen in die Kraft des gesprochenen heiligen Namens zusammen. Hier verschmelzen idealistische und materialistische Interpretation der religiösen Übung, denn der Mensch besteht aus Körper und Geist.

Die christliche Lehrmeisterin der Kontemplation, Teresa von Avila, führt das Beispiel einer Schwester an, die nur mit Worten beten konnte. Sie war verzweifelt und meinte, niemals wirkliche Kontemplation üben zu können. Trotzdem erreichte sie nach Teresa eine hohe Stufe der eingegossenen Beschauung (Weg der Vollkommenheit, Kap. 30, 7). Der christliche Denker Pascal zeigt die tiefe Verbindung von Körper und Geist auf, wenn er uns rät, wir sollten sein wie gute, fromme Leute, die einfach vor dem Altar niederknien. Dadurch verwirklichen wir die Form des Betens. Nach und nach, während der Meditation, zeigt sich Gott jedem einzelnen, und wir beginnen zu verstehen.

Einerseits ist es wahr, daß aus dem Geist des Betens die Form von selbst hervorgeht. Andererseits lehrt Pascal, daß der Geist des Gebets auf wunderbare Weise geboren wird, wenn man sich einer Gebetsform bedient. Toshiko Takada drückt den Wert des Körpers beim Beten in folgendem Gedicht über den Asakusa Kanon aus:

Gott, Buddha:
sind sie wirklich hier, oder nicht?
Doch die Erleichterung beim Händefalten –
woher kommt sie denn?
Der rechten Hand Traurigkeit
hält die linke Hand.
Der linken Hand Entschlossenheit
fängt die rechte auf.
Darüber hinweg fließt die stille Zeit.
Der Lehrer einer solchen Haltung –
wer mag es sein?

Das Gebet ist ein Erheben des Herzens zu Gott, oder zu Buddha. Es wäre ein Irrtum zu meinen, dies geschähe nur durch verstandes- oder willensmäßiges Verhalten. Selbst die weltlichen Sorgen, die ein großes Problem während des Betens darstellen, bleiben, weil wir leibhafte Menschen sind.

Im christlichen Gebet der westeuropäischen Tradition wurden die körperliche Seite des Geistes sowie die geistige Seite des Körpers lange Zeit vernachlässigt. Heute erhält der Westen wertvolle Impulse durch östliche Meditationsmethoden.

12. Feuchtigkeit und Wasser

Wir möchten die Aufgabe des Körpers beim Beten an Hand des Verhältnisses von Wasser und Körper erläutern. Um leben zu können, brauchen wir Wasser. Auf drei Wegen kann unser Körper die etwa siebzig Prozent Wasser aufnehmen, aus denen er besteht. Selbst wenn wir schlafen, nehmen wir beim Atmen unsichtbares Wasser, Luftfeuchtigkeit, auf. Schon ein geringer Mangel macht sich als Trockenheit bemerkbar. Ohne Wasser würden wir sofort sterben. Gottes Sein umfängt uns wie Wasser. Er ist der ‚Atem' unserer Seele. Ohne diese Form des Betens könnten wir nicht existieren. „Fürwahr, er ist nicht ferne von einem jeglichen unter uns. Denn in ihm leben wir, bewegen wir uns und sind wir" (Apg 17, 27–28). Der Grund unseres Betens ohne Unterlaß ist die unsichtbare Existenz Gottes, das Wissen um seine Gegenwart, die uns ständig erfüllt.

Auch in der Nahrung nehmen wir Wasser auf. Um unseren Körper zu erhalten, reichen Luftfeuchtigkeit und Wassergehalt der Nahrung jedoch nicht aus. Wir müssen täglich zusätzlich reine Flüssigkeit zu uns nehmen. Das immerwährende ‚Leben im Gebet' läßt sich mit unseren täglichen Handlungen vergleichen. Ihr Wassergehalt ist die Liebe, die das Herz des Betens ist. Dies zeigt, wie notwendig das Gebetsleben ist und daß wir uns täglich wenigstens etwas Zeit zum Gebet nehmen müssen. Das Pauluswort: „Betet ohne Unterlaß" (1 Thess 5, 17) kann auf verschiedene Weise verstanden werden, weil Gottes Existenz auch auf verschiedene Weise erfahren wird. Der russische Pilger versuchte die Gegenwart Gottes zu verleiblichen, indem er mit jedem Atemzug das Jesusgebet sprach, das schließlich zu seinem Herzschlag wurde. Andere sind der Ansicht, die Worte ‚Betet ohne Unterlaß' leiten uns an, gestaltlos zu beten, wie wir es im Beispiel mit dem unsichtbaren Wasser beschrieben hatten.

Vielleicht müssen wir Paulus direkt fragen, was er mit den Worten: ‚Betet ohne Unterlaß' gemeint hat. Ich glaube, er wünschte weder, wir sollten am Tage zwölftausendmal das Jesusgebet rezitieren noch das Leben selbst als Gebet sehen, noch zwischen den einzelnen Handlungen je ein kleines Gebet einfügen. Wenn wir über die Spiritualität unserer Zeit nachdenken, müssen wir berücksichtigen, daß heute immer mehr Menschen keine Zeit mehr haben, sich dem Gebet zu widmen. Daher müssen wir lernen, ohne Unterlaß zu beten und eine Spiritualität des Tuns zu finden.

Denken wir über diese Forderung nach Spiritualität im geschäftigen Leben des heutigen Menschen nach, sehen wir eine große Gefahr. Wir verwechseln die höchste Form des mystischen Lebens: Leben ist gleich Gebet, mit unserem täglichen Leben. Das ist ein Kurzschluß. Der Mensch ist kein Engel. Er führt ein körperliches Dasein. Für Engel und Heilige ist Leben selbst schon Gebet. Sie brauchen nicht täglich zwei Stunden Kontemplation oder viele Stunden Za-Zen zu üben.

Wir müssen unterscheiden zwischen dem Wesen des Gebets und den Elementen des Betens. Zu vieles Reden über das Wesen des Gebets führt zum Verlust des Betens. Das Christentum unterschied oft zwischen vita activa und vita contemplativa. Das ist jedoch eine falsche Unterscheidung, die vor langer Zeit entstand. Im christlichen Glauben ist Beten Lieben. Die Aktivität des christlichen Lebens geht aus der Liebe Gottes hervor. Trotzdem ist es gefährlich, Beten vorschnell mit Lieben und Leben gleichzusetzen.

Josef Pieper kritisierte diese Beweisführung heftig in seinem Werk: „Muße und Kult“ (Kösel Verlag, München). Einerseits vertreten Menschen, wie der russische Pilger, Zenbuddhisten und kontemplative Ordensleute, den Standpunkt, daß Gebet als solches Leben ist. Auf der anderen Seite sind Leute wie Carlyle der Auffassung, daß Leben selbst schon Gebet ist. Wie soll man diese beiden gegensätzlichen Auffassungen von Gebet verstehen? Dies ist ein grundlegendes Problem für alle geistlichen Menschen, besonders die Ordensleute. Bei einer langen Klostertradition, wie sie die katholische Kirche besitzt, müssen wir uns ernsthaft mit dieser Frage beschäftigen, besonders im Zusammenhang mit der Modernisierung und Anpassung der Kirche an die Bedürfnisse der heutigen Welt. Wir müssen uns mit der vorschnellen Auffassung auseinandersetzen, für die kontemplativen Orden sei ‚Gebet schon Leben‘, für die sogenannten aktiven Orden „Leben gleich Gebet“. Wenn Carlyle stolz behauptet: „Mein ganzes Leben, so wie es ist, ist Gebet“, ist er weit entfernt vom Herzen eines betenden Menschen. Andererseits ist es für Menschen des Gebets auch gefährlich zu glauben, sie könnten alle religiösen Übungen aus Gewohnheit beibehalten, das Klosterleben erschöpfe sich schon in der täglichen Gebetsübung. Was wir brauchen, ist ein neue Theologie des Ordenslebens.

13. Beten ohne Unterlaß

Was wir auch über das Gebet sagen, ein Punkt ist entscheidend: Es muß unaufhörlich geschehen, so viele Gebetsformen es auch geben mag. Beten kann mein Herz zu Gott erheben. Ich kann mit Gott ein vertrautes Verhältnis haben, mit ihm sprechen oder vor ihm schweigen. Das Wesen des Gebets ist ständige Vertiefung meiner Einheit mit Gott.

Wenn Gebet ‚Atem der Seele' genannt wurde, heißt das: Ob wir schlafen oder wachen, wir beten ohne Unterlaß, ähnlich wie der Körper atmet. Darum verband der russische Pilger sein Beten mit dem Atem. In Kyoto steht eine berühmte Statue des Kuya Shonin. Er ist der Heilige einer Sekte, in der zur Rezitation des Nenbutsu (Anrufung Amidas) getanzt wird. Aus seinem Mund ragt ein Zweig, auf dem sechs kleine Buddhastatuen sitzen, die wie kleine Vögel aussehen. Sie symbolisieren das „Namu Amida Butsu", das mit jedem Atemzug rezitiert wird. Hier zeigt sich die Leidenschaft zum starken Beten, in dessen Wasser das ganze Leben eingetaucht ist. Die Handlungen unseres täglichen Lebens sollen wir Stück für Stück im Blutkreislauf dieses Betens kreisen lassen. Dann werden gewöhnliche Wendungen wie „Guten Tag", „Auf Wiedersehen", „Danke", „Verzeihung" und so weiter zu Worten, die vom Beten erfüllt sind.

Im Gespräch mit Menschen, während der Arbeit, in allem, was wir tun, können wir versuchen, das Herz zu Gott zu erheben. Alles kann für mich Anlaß werden, das „Beten ohne Unterlaß" zu verwirklichen.

Das Problem liegt nicht im ‚ohne Unterlaß', sondern: Wie soll ich es anstellen, ohne Unterlaß zu beten? Hier scheiden sich Ansichten und Gebetsmethoden.

14. Formen des Betens

Ohne Unterlaß beten heißt nicht nur zu jeder beliebigen Zeit, an jedem beliebigen Ort beten, sondern, daß jeder Mensch in irgendeiner Form beten kann. Unabhängig von Umgebung, Stand oder Beruf, müßte er sich eine für ihn verpflichtende Gebetsform bilden. Betrachtet man das Leben als Gebet, dann wären die verschiedenen Gebetsarten, wie das Jesusgebet, Za-Zen, Nenbutsu (Anrufung Amidas), eben unterschiedliche Formen, die eines gemeinsam haben: die Konzentration auf das Wesentliche. Entsprechend unserer Spiritualität, können wir entweder eine Gebetsform übernehmen oder unser Gebet aus verschiedenen Formen zusammensetzen. Es gibt kombinierte Gebetsübungen im Christentum wie im Buddhismus. Wer eine reine, hohe Spiritualität erreichen möchte, wundert sich vielleicht, wenn japanische Christen die Anrufung des Heiligen Namens der Shinbuddhisten übernehmen und, anstatt „Namu Amida Butsu" (Heil Amida), „Namu Christus" singen; oder wenn ein berühmter Christ in Japan im letzten Jahrhundert wie manche Buddhisten auf einen Holzfisch schlug und dabei die Heilige Schrift rezitierte; oder wenn Buddhisten hinter die Anrufung „Namu Amida Butsu" ‚Amen' anhängen. Dies alles zeigt die Relativität der Form des Betens.
Das grundlegende, allgemeine Element des Betens ist jedoch die Konzentration auf das Beten selbst. Diese dürfen wir nie verlieren. Eine Vereinheitlichung der Gebetsformen wäre daher nicht richtig.

15. Gefahren des Betens

Wir dürfen nicht vergessen, daß aus einer falschen Übung des Betens viele Gefahren entstehen. Eine von ihnen besteht darin, daß man meint, es sei besser, anstatt hundertmal tausend-, anstatt tausend- zehntausendmal oder anstatt einer Stunde zwei, anstatt zwei Stunden zehn zu beten, um schließlich den ganzen Tag mit religiösen Übungen auszufüllen. Diese Art der Askese entspricht nicht dem gesunden Menschenverstand. Setzt man Wille und Körperkraft zu stark ein, dann wird die Askese vergöttert, und es entsteht eine falsch verstandene religiöse Elite. Bei der Rezitation heiliger Worte in der Versenkung zu ‚schwelgen', beim Za-Zen anzunehmen, man habe schon die Erleuchtung, oder sich einzubilden, ‚Meditation' oder der Eintritt in ein Kloster mache uns automatisch heilig, ist eine Illusion, die manche schwer aufgeben. Die andere Gefahr ist, alle religiösen Übungen aufzugeben, um nicht als Heiliger zu erscheinen.
Es gibt darüber eine Geschichte von Zen-Großmeister Ma aus dem achten Jahrhundert (siehe auch „Bi-Yän-Lu", verdeutscht und erläutert von Wilhelm Gundert, München 1973). Sie spielt zu der Zeit, als sich Ma beim Meister Nan Yüä im Za-Zen übte. Nan Yüä erkannte sofort Mas vielversprechendes Talent. Eines Tages fragte er Ma, als dieser im Za-Zen saß: „Warum übst du eigentlich Za-Zen?" Ohne zu zögern antwortete Ma: „Damit ich ein Buddha werde." Nan Yüä hob einen Ziegel auf und begann, diesen vor der Einsiedelei mit einem Stein zu polieren. Erstaunt über das merkwürdige Verhalten des Meisters fragte Ma: „Meister, was treibt Ihr da?" „Ich poliere den Ziegel, um einen Spiegel daraus zu machen", antwortete Nan Yüä gelassen. Sprach-

los vor Verwunderung meinte Ma: „Sooft Ihr auch den Ziegel poliert, ein Spiegel wird nie daraus werden." Da erwiderte Nan Yüä ruhig: „Ob man durch Za-Zen wohl je ein Buddha wird?"
Diese Geschichte soll nicht zeigen, es sei sinnlos, Za-Zen zu üben. Hier wird nur verworfen, daß Za-Zen strenge Askese, Pochen auf eigene Leistung sei. Alle Religionen und Spiritualitäten kennen dasselbe Problem. Die Schwierigkeit wird um so größer, je mehr wir in die Tiefe kommen und die Feinheiten der Praxis kennenlernen. Etwas Sinnvolles kann durch falsche religiöse Übung wertlos werden. Einerseits begegnen wir der mythisierten, mystifizierten Form, andererseits der im Formalismus erstarrten, dem Verfall preisgegebenen Übung.
Da der Geist durch die Form gebildet wird, ist es gut, sich demütig und aufrichtig der religiösen Übung zu widmen. Ihre Form sollte jedoch dem Herzen entspringen, wie es bei dem russischen Pilger, den japanischen Mystikern Dōgen und Shinran der Fall war.
Bloßer Formalismus führt zu einem Manierismus des Betens. Das Beten hat dann keine Beziehung zum Leben und ist kraftlos. Man kann zum Beispiel häufig ein Reuegebet hersagen, ohne daß wirklich Reue empfunden wird. Wie beim Apfel Fruchtfleisch und Schale sich gegenseitig beleben, miteinander wachsen, zueinander gehören, müssen im Gebet Inhalt und Form eine organische Einheit bilden. Jeder sollte der ihm gemäßen Form vertrauen. Im Zen spricht man von der Wurzel des großen Glaubens. Oft ist es notwendig, lange beharrlich zu üben, bis man eins wird mit der gewählten Form des Betens. Sie wird erst dann zu einer wahren Form, wenn wir ihr vertrauen und uns selbst verleugnen. Man übt Za-Zen, um Körper und Geist zu durchstoßen, bis hin zur Buddhaschaft. Übung und Erkenntnis werden eins. Der Zen-Buddhist und berühmte Dichter

Bashō sagt: „In die Form hineingehen, aus der Form herausgehen!"
Die ‚wahre Wurzel großen Glaubens' fordert großen Einsatz und Willensanstrengung. Wer nicht in die Form hineingeht und sie wieder verläßt, verfällt dem Formalismus. Geht man nicht hinein, kann man nicht heraus. Nicht eintreten, von Anfang an draußen bleiben, wäre rahmenloses Beten. Es führt schließlich zum Verlust des Betens überhaupt.

16. Das existentielle Gebet

Das Gebet hat nicht nur eine psychologische oder ontologische Dimension. Beten ist vor allem etwas Existentielles. Gott sein Herz öffnen, mit ihm in vertrauter Beziehung stehen und ähnliches liegen auf der psychologischen Ebene. Die mystische Erfahrung der Einheit mit Gott kann man nur von der existentiellen Seite her richtig verstehen. Jede Dimension des Betens sieht etwas Richtiges, doch der Kern des christlichen Gebets ist dadurch noch nicht erfaßt. Setzt man zum Beispiel für den Begriff Gott ‚Buddha', dann unterscheidet sich christliches Beten nicht von buddhistischem.

Der Kern des christlichen Gebets liegt nicht in der Art der Beziehung zwischen Gott und dem Menschen, sei sie psychologisch oder existentiell. Das Gebet des Christen geschieht im Glauben, im Sein vor Gott und vor allem im Tun. Das heißt, man muß den Wunsch haben, Gottes Willen zu erfüllen. Dies ist die existentielle Natur des Betens, man kann sie auch eine Spiritualität des Tuns nennen. Die Heiligen im Himmel sind weder große Aktive noch große Kontemplative. Sie sind Menschen, die täglich mit Christus ans Kreuz geschlagen wurden.

Das Gebet des Christen richtet sich nicht nur nach himmlischem Trost, der weit entfernt ist von der Wirklichkeit der Erde. Christus ist das ‚Licht der Welt'. Dieses Licht darf nicht von der Welt getrennt sein. Es muß in die Welt hinein leuchten, das Böse mit seiner Strahlkraft verbrennen. „Ich bin gekommen, Feuer auf die Erde zu werfen, und wie wünschte ich, daß es schon entfacht wäre!“ (Lk 12, 49). „Glaubt nicht, ich sei gekommen, Frieden auf die Erde zu bringen. Ich bin nicht gekommen, Frieden zu bringen, sondern das Schwert“ (Mt 10, 34). Christus lehrt uns die Bitte: „Dein Wille geschehe, wie im Himmel so auf Erden“ (Mt 5, 10). Das Verlangen Christi, daß Gottes Wille geschehe, ist das universelle Gebet der Hingabe, der Selbstaufgabe der irdischen Existenz, das Gebet Marias: „Mir geschehe, wie du sagst“ (Lk 1, 38).

Leben, das Gebet ist, kommt aus einer Spiritualität des Tuns. Dieses existentielle Verständnis des Gebets wurzelt in der Einheit von psychologischem und ontologischem Beten. Paulus sagt dazu: „Wer ißt, tut es für den Herrn . . ., und wer nicht ißt, der ißt nicht für den Herrn . . . Wenn wir leben, so leben wir für den Herrn, und wenn wir sterben, so sterben wir für den Herrn“ (Röm 14, 6.8).

Das ist die höchste Form christlichen Betens. Doch besteht ein großer Unterschied zwischen Ideal und Verwirklichung. Wäre dieses Ideal leicht zu verwirklichen, dann bedürften wir keiner Formen des Betens, in denen wir uns auf Gott hin sammeln.

17. Notwendigkeit einer bestimmten Gebetszeit

Die Notwendigkeit, Gebetszeiten anzusetzen, läßt sich aus der Natur des Betens allein ableiten. Wäre ‚Beten ohne Unterlaß' nur, daß wir das Herz bei Gott haben und im Leben danach verlangen, Gottes Willen zu tun, dann wäre eine eigene Zeit für das Beten nicht nötig, und wir bräuchten keine religiösen Übungen im Alltag.
Christus zog sich jedoch manche Nacht hindurch auf einen Berg zurück, um zu beten (Mt 14, 23). Er tat das nicht, um uns ein Beispiel zu geben, sondern weil es für ihn als Mensch wichtig war, Pausen für das Gebet zu haben.
Warum müssen wir jeden Tag Zeit haben zum Gebet? Weil wir einen Körper haben, der mit dem ihm innewohnenden Geist einen Leib bildet. Wie es für den Körper notwendig ist, die vierundzwanzig Stunden eines Tages durch drei Mahlzeiten und ein oder zwei Zeiten Schlaf zu unterbrechen, so gibt es auch Notwendigkeiten für das geistige Leben. Der menschliche Körper kann nicht eine Jahresration auf Vorrat zu sich nehmen und nicht für einen Monat lang auf Vorrat schlafen, genauso können wir nicht auf Vorrat beten.
Sollte es gut sein, an Neujahr nur einmal zu beten für das ganze Jahr? Sollten wir nur dann Za-Zen üben, wenn wir uns danach fühlen, wenn wir Zeit zum Beten haben? Natürlich ist es besser, Gott in Notzeiten zu bitten als überhaupt nicht. Hat man im ganzen Leben nur einmal an Gott gedacht, so ist dieses eine Mal gewiß wertvoll. Aber ein solches Gebet wird nicht wirksam. Es wird keine Kraft, die das Leben von Grund auf ständig erneuert. Damit Gebet geboren wird, das eine Quelle göttlicher Fülle sein

soll, muß es vom ganzen Leib getragen sein. Es ist ja Gebet des Menschen.

Darum ist es nötig, jeden Tag einige Zeit, jeden Monat ein oder zwei Tage, jedes Jahr mehrere Tage, und alle paar Jahre eine längere Zeit dem Gebet, der Meditation zu widmen. Die Länge der Gebetszeit hängt vom Leben, Alter, Charakter, von der Gesundheit und der empfangenen Ausbildung des einzelnen ab. Die Orden sollten sich, den heutigen Verhältnissen entsprechend, zu kluger Anpassung entschließen. Im gemeinschaftlichen Ordensleben muß Zeit sein zum gemeinsamen, wie zum individuellen Gebet.

Bei vielen komplizierten Formen des Betens in der Kirche besteht die Gefahr der intellektuellen und gefühlsmäßigen Ermüdung. Heute hat sich allerdings das Glaubensleben in der katholischen Kirche stark vereinfacht. Es läßt sich nicht leugnen, daß eine Vielzahl alter Formen und Ordnungen zum Verlust an Tiefe und Dynamik des Gebets führten. Die Bewegung der Zen-Meditation mit ihrer tiefen Einfachheit und die charismatischen Bemühungen, in denen das Beten frei und spontan sein darf, beweisen dies.

Es ist ein Unterschied, ob man von jemand etwas lernt, oder ob man einfach etwas übernimmt. Die christliche Kraft des Betens darf nicht verlorengehen. Wir müssen lernen, verschiedene Elemente des Betens miteinander zu verbinden. Was wir vom Wesen der östlichen Spiritualität lernen können, darf nicht zum Verlust der christlichen Wirklichkeit führen. Dies kann man umgekehrt auch für den Buddhismus und andere östliche Religionen sagen. Ohne den breiten Fuß des Berges, die Vielfalt der religiösen Formen, kann keine Spitze entstehen. Das gegenseitige Sichtreffen könnte zu einer wunderbaren Symphonie, zu einem Lobgesang aller Menschen werden.

18. Stausee – Gebet nach dem Beten

Wir haben das Beten mit der Wirkung des Wassers verglichen. Damit dieses Beten Kraft gewinnt, sollte es von einem Staudamm wie ein Wasserfall herabstürzen. Um das Wasser zu stauen, muß man es oberhalb eines Damms zu einem See aufstauen. Plötzlich wird das tiefe, stille Wasser, wenn es als Wasserfall herabstürzt, in Wasserkraft verwandelt. Das sichtbare Wasser wird zur unsichtbaren Kraft der Elektrizität, zu einer Quelle großen Nutzens für den Menschen. Das gestaute Wasser gleicht dem in Worten geformten Gebet. Als elektrische Energie wird das Gebet wortlos. Die unsichtbare ‚Elektrizität' dringt in alle Winkel des Lebens. Wir können dieses Gebet ‚Gebet nach dem Beten' nennen. Wasser wird in die von ihm vollkommen verschiedene Elektrizität verwandelt. Wasser wird Licht- und Wärmespender, es erleuchtet die Nacht, wir können damit unser Essen kochen. In ähnlicher Weise wird der gestaute Lebensstrom des Betens zu einer Kraft, die die Welt durchglüht und heilt.

Wenn wir während der Arbeit ab und zu beten, geben wir wichtigen Handlungen unseres Lebens einen Gebetsrahmen. Das bezieht sich auch auf das Beten vor und nach dem Essen, auf die Danksagung, auf das Verzeihen, Bitten und Grüßen. Es ist gewiß wertvoll, den Geist des Betens in Angelegenheiten zu tragen, die nicht die Form eines Gebets haben. Damit der Geist des Betens jedoch an Tiefe gewinnt, reicht die gute Absicht nicht aus, das Leben zum Gebet werden zu lassen. Diese Gebetsabsicht würde bald verschwinden wie versprengtes Wasser auf trockener Erde. Der gute Wille, mehr zu beten, und der Versuch, sich dafür im Betrieb des Alltags Zeit zu nehmen, würden damit enden, daß das Leben nur noch geschäftiger wird. Ungeduld und Unruhe nehmen nur zu, so daß man, auch bei bestem Bemühen, nicht mehr beten kann. Ein Teufelskreis beginnt. Wenn wir meinen, Leben selbst sei schon Gebet, verlieren wir die Fähigkeit zu beten, und ein Gefühl der Ohnmacht wächst in uns.

Wir müssen unterscheiden zwischen Gebet als Akt und Gebet als Zustand. Das gestaute Wasser entspricht dem Beten als Handlung, es zeigt sich als religiöse Übung. Das mit der Elektrizitätskraft vergleichbare Gebet kann man mit dem Zustand der Kontemplation vergleichen. Das höchste Ziel dieses Zustandes ist das von Paulus geforderte Ideal des ‚Betens ohne Unterlaß', d. h. der mystische Zustand der verwirklichten Einheit mit Gott. Wie Teresa von Avila sagt: „Maria und Martha werden eins" (Seelenburg, 7. Wohnung, Kap. 4, 11). Dieses sogenannte ‚mystische Gebet' ist kein außergewöhnlicher Zustand wie Ekstase, Stigmata oder dergleichen. Im Zen heißt es: „Die Übung des Za-Zen, betrieben zur Losschälung von Körper und Geist, wird zum Za-Zen, losgeschält von Körper und Geist, zum Akt Buddhas."

Folgendes ist wichtig: Wenn die Wasserkraft zur Elektrizität wird, heißt das nicht, wir bräuchten den Staudamm nicht mehr. Wie aus einem Stausee ohne viel Wasser keine Elektrizität gewonnen werden kann, so sind die Formen des Betens ohne die Fülle des Heiligen Geistes ohne Wert. Doch darf man den Staudamm in Dürrezeiten nicht zerstören. Auch beim Za-Zen ist es nicht so, daß man nach der Erleuchtung (Satori) kein Za-Zen mehr üben müßte. Die Notwendigkeit der Übung nach der Erleuchtung verstehen wir am Beispiel des Staudamms. Die Erleuchtung gleicht in gewisser Hinsicht der Erzeugung von Elektrizität. Die Erleuchtung ist nicht das Abschlußdiplom der religiösen Übung. Wenn man nach der Erleuchtung weiterübt, heißt das nicht, die religiöse Übung wäre nun auf einer höheren Stufe. Meister Dōgen betonte, es gebe keine Reihenfolge von religiöser Übung und Erleuchtung. Wahre Erleuchtung ist ein Wissen um die Rückkehr zum gewöhnlichen Anfang. Man beginnt und ist gleichzeitig darüber erstaunt, begonnen zu haben. „Die Spitze erklimmend, bin ich immer noch am Fuß des Berges", ist ein Wort des Go-Meisters Shita über seine Meisterschaft im Go-Spiel. Wenn man sich Gedanken macht, bis wohin man schon gelangt ist, ob man die Mitte erklommen oder schon die Bergspitze erreicht hat, übt man Za-Zen nicht in richtiger Weise. Auch im Zen muß man immer wieder ganz von unten, am Nullpunkt anfangen.

Ebenso gibt es im christlichen Beten keinen endgültigen Punkt. Selbst wenn man oft eine innere Umkehr, dem Satori im Zen vergleichbar, erfahren hat, fühlt man eine stets wachsende Notwendigkeit zu beten. Das Gebet allein wird zur Stütze des Lebens, es schafft immer neue Durchbrüche. Dieses Beten ist nicht mehr nur ein Hersagen von Stoßgebeten, ein Abbeten des Rosenkranzes oder einer Litanei. Bei diesem Beten denkt man nicht mehr daran, daß man es ausführt. Dieses Gebet durchbricht den Strom des Lebens. Hier gibt man den Wunsch auf, gut zu beten. Es ist sicher richtig, das Gebet aufs beste ausführen zu wollen. Besser aber ist es, alles von Gott zu erwarten, nicht von unserer Kraft. Über ein Geschenk von Gott fällt man kein Urteil, man empfängt es nur dankbar.

Das Wichtigste, das wir beim Beten lernen sollten, ist, in Gott hinein zu sterben. Wir müssen uns unsere Nichtigkeit bis zur letzten Konsequenz bewußtmachen und unsere Armseligkeit vor dem unendlichen Gott erkennen. Dies ist das Fundament des

Betens. Selbst in einem kurzen Gebet muß die Erfahrung des Todes erlebt werden. Nur dann ist es echtes Beten, gebaut wie ein Damm, der nicht einen einzigen Tropfen Wasser durchläßt. Zen-Meister Munan sagte: „Es ist gut, wenn wir uns immer bewußtmachen, daß wir im Leben Sterbende sind."

19. Bambusknoten

Für das ‚durchbrechende' Gebet gibt es neben dem Staudamm noch ein anderes Bild: den Bambusknoten. Im Mai wächst der grüne Bambus schnell und schmückt den heiteren Frühlingshimmel. Wenn er dann von heftigen Monsunwinden im Juni angegriffen wird, bricht er nicht, selbst wenn er zu Boden gedrückt wird. Daß er nicht bricht, hat er dem Bambusknoten zu verdanken. Die Bambusknoten sind zahlreich, sie unterteilen den Bambus in bestimmten Abständen parallel. Die senkrechten Teile des Stamms sind dem Lebensstrom vergleichbar, die waagerecht teilenden Bambusknoten entsprechen dem durchbrechenden Gebet.

Im katholischen Mönchsleben könnte ein Bambusknoten für ein Gebet stehen, das den Tageslauf durchbricht. Drei große Knoten sind zum Beispiel das Chorgebet, die Feier der Eucharistie, die Meditation. Die Gebete vor und nach der Arbeit, vor und nach dem Essen, der Engel des Herrn sowie der Rosenkranz schaffen weitere Unterteilungen. Das Gebet darf aber nicht als Parallele zur Aktivität angesehen werden. Beten ist ein Same Gottes, der in die Wirklichkeit der Erde seine Wurzeln gesenkt hat. Wie die Lotusblume im Schlamm, wurzelt das Gebet im Elend des menschlichen Lebens. Ohne vom Schlamm beschmutzt zu werden, öffnet sich die Blüte dem Himmel.

Besteht das Gebet auch aus verschiedenen Formen und Worten, hat es doch immer die gleiche Eigenschaft: Es durchbricht den Strom des Lebens. Ähnlich verhält sich der Bambusknoten. Er ist deshalb so stark, weil er den Stamm waagerecht in einem Winkel von neunzig Grad durchbricht.

Die unsichtbare Kraft des Bambusknotens wirkt auf den Bambusstamm. Das gestaltete Gebet, den Knoten vergleichbar, bringt das unsichtbare Gebet, das ‚Gebet als Leben', hervor. Geformtes Beten und Aktivität des Lebens verhalten sich wie die waagerechten Durchbrüche, die Bambusknoten zum senkrechten Stamm des Bambus. Beide stärken sich gegenseitig. Würde ein Bambus nur aus Knoten bestehen, büßte er seine Biegsamkeit ein. Daher sind auch im Leben die Aktivitäten sehr wichtig. Die Zeitdauer eines ‚Durchbruchs' ist nicht so bedeutsam, sondern die Richtung. Wir sollten nicht unser Gebet mit den Nöten unseres Lebens beschweren, denn Beten ist Sterben. Natürlich kommt es oft vor, daß auch gegen unseren Willen Sorgen in unser Gebet eindringen. Als Menschen werden wir immer von unseren Gedanken geplagt. Es ist jedoch ein Unterschied, ob man das Gebet mit Sorgen unnütz belastet, oder ob die Gedanken eben nur eindringen. Das eine hängt von unserem Willen ab, das andere ist unvermeidlich, ist einfach Zerstreutheit. Lassen wir die Gedanken einfach weiterziehen, ohne uns daran festzuhalten. Denken wir vor allem nicht über unser Zerstreutsein nach. Dann haben wir Frieden.
Vor einiger Zeit fragte ich meinen Meister Nakagawa Soen bei einem Gespräch in seinem Tempel am Fuß des Fujiyama: „Was soll man tun, wenn einen beim Za-Zen Träumereien oder vielleicht weltliche Sorgen überkommen?" Der Meister faltete seine Hände im Schoß, schloß die Augen, saß unbeweglich, dann antwortete er: „Nehmen Sie es leicht . . ., kümmern Sie sich nicht darum . . ., einmal kommen sie, einmal nicht."
‚Weltliche' Gedanken sind nicht „weltlich" durch ihren Inhalt. Wenn etwas schlecht erscheint, kann es, durch seine Einordnung auf Gott hin, gut werden. Demgegenüber kann Gutes, das ungeordnet ist, schlecht werden. Die Gedanken der Menschen

sind innerhalb und außerhalb des Betens gleich. Haben wir während des Betens nur edle Gedanken, tauchen aber plötzlich Alltagskummer und Schmerzen auf, dann strengen wir uns vielleicht an, diese sogenannten ‚weltlichen' Gedanken hinauszuwerfen. Das Ergebnis ist: Die Sorgen vermehren sich, schließlich werden wir müde, und das Vertrauen zum Gebet geht verloren. Ähnlich ist es, wenn wir nicht schlafen können: Immer denken wir an das Schlafen und werden immer wacher. Das Problem ist nicht: Wie verschwinden die Sorgen?, sondern: Wie bestimme ich ihre Richtung? Wir empfinden zum Beispiel beim Gebet ein bitteres Gefühl gegen jemand. Haß ist nicht weltliches Sorgen, sondern tödliches Gift. Kommen uns beim Beten Tränen über unser Elend, bitten wir Gott um Kraft zu lieben, dann wandelt sich das tödliche Gift des Hasses in eine Medizin Gottes.

In der Betriebsamkeit des heutigen Lebens ist es besonders wichtig, daß wir verstehen lernen, im Gebet dieses Leben zu durchbrechen. Wer behauptet, er könne aus Zeitmangel nicht beten, betrügt sich selbst. Wenn wir einige Stunden im Alltag für das Gebet reservieren, leiden wir nicht mehr unter Mangel an Zeit.

20. Zen und Gebet

„Man setzt sich hin zum Za-Zen, etwas wie das Gebet existiert nicht mehr. Auch Za-Zen gibt es nicht. Nichts – nichts, selbst das Nichts (Mu) ist nicht mehr . . ." Ganz deutlich höre ich noch die aus dem „Hara" tönende Stimme meines Meisters Nakagawa. Er hatte die Beine im halben Lotussitz und saß mit dem Rücken zum japanischen Garten in seinem schönen Tempel. Dieses Ereignis liegt schon über fünfundzwanzig Jahre zurück. Durch meine Zen-übungen an Geist und Körper gestärkt, war ich entschlossen, zum Christentum zu konvertieren. Ich war am Abend zuvor zum Tempel gekommen, um am Morgen meinen Meister davon zu unterrichten.

Versucht man im Za-Zen zu sterben, kann man vielleicht sagen: „Etwas wie Gebet existiert nicht." Meister Dōgen sagt: „Im Universum gibt es kein Universum, kein zweiter Mensch ist da." Steht man auf diesem Standpunkt der totalen Verneinung, hört die Dualität von Ich und Du auf. ‚Ich bin du, und du bist ich.' Es ist kein Gott da, zu dem man spricht, an den man eine Frage, eine Bitte richten könnte.

Zwei Jahre nach meiner Taufe trat ich in Frankreich in den Karmelorden ein. Als ich vor meiner Abreise Meister Nakagawa aufsuchte, schenkte er mir ein Blatt mit einem Spruch des chinesischen Zenpatriarchen Rinzai: „Wenn du aufhörst zu suchen, kehre zurück und triff es vor deinen Augen." Dies steht genau im Widerspruch zu den Worten Jesu: „Suchet, und ihr werdet finden" (Mt 7, 7). Nach der Logik des Zen müßte es heißen: „Wenn ihr sucht, werdet ihr verlieren." Zunächst ist sicher das Bibelwort leichter verständlich, als die Zen-Konzeption. Darin liegt jedoch ein Prinzip

des Zen. Ich möchte ein wenig die widersinnige Logik des Zen darlegen: ,,Suchet, so werdet ihr verlieren, klopfet an, so wird die Tür verschlossen." Die Logik des Zen kann man nicht erklären, das wäre ja gerade gegen ihren Sinn. Zen liebt die Logik nicht. Logik im Sinn des Zen ist für uns ,Katastrophen-Logik'.
Betrachten wir den Satz: ,,Suchet, und ihr werdet verlieren", dann verstehen wir, daß ,suchen' hier zur Voraussetzung hat: nicht besitzen. Man ist berechtigt, zu suchen, eben weil man nichts hat. Doch im Zen sieht man es noch von einer anderen Seite. Was wir von Anfang an besitzen, suchen wir mit allen Kräften, und verlieren das, was wir jetzt besitzen, aus den Augen. Ein chinesischer Weiser drückt das so aus: ,,Der Weg ist nah, doch der Mensch sucht ihn in der Ferne." Im Zen heißt es: ,,Achte sorgsam auf das, was unter deinen Füßen liegt."
Unser Intellekt bewirkt, daß wir die ursprünglich eine Wirklichkeit in ein erkennendes Subjekt und ein erkanntes Objekt spalten. Das Problem liegt nicht darin, daß Subjekt und Objekt verschieden sind. Das finden wir auch in der Physik, in der Chemie usw. Zum Problem wird dies erst, wenn Philosophie und Religion fragen: Was ist die Welt? Wenn das erkennende Subjekt nach dem erkannten Objekt fragt: Was ist unsere Existenz, Gott, das Selbst, die Wahrheit, das Gute, Schöne, Schlechte? Hier sind wir in einem Dualismus. Ein Teufelskreis des Intellekts entsteht. Die Wahrheit suchen, nach Gott verlangen, sich selbst erforschen, wird zum intellektuellen Kunststück. Man will den Berg sehen, wenn man ihn betreten hat. Es ist ja unmöglich, die Wahrheit, Gott, das Selbst von sich losgelöst zu erkennen.
Zen sagt hierzu: Wir wollen unsere Augen mit den eigenen Augen sehen. So etwas kann man nicht, selbst wenn man sich auf den Kopf stellt. Je stärker wir verlangen zu wissen, was Wahrheit ist, desto mehr verlieren wir sie aus den Augen; je mehr wir sie su-

chen, desto unauffindbarer wird sie. Man begreift die Wahrheit nicht, indem man sie objektiviert. Die erkannte Wahrheit wäre nicht mehr als ein Schatten.
Wenn im Christentum der objektive Gott als absolute Wahrheit definiert wird, kann dies der Anhänger des Zen nicht akzeptieren. Im Zen gibt es weder Objektivität noch Wahrheit – es kann sie auch nicht geben. Ein Gebet im Zen ist niemals ein Bittgebet, auch kein Gespräch mit Gott, noch ein Erheben des Herzens zu Gott, oder eine vertraute Beziehung mit Ihm. Vielleicht ließe sich das Zengebet als Erneuerung oder Reuegebet bezeichnen. Da Reue aber bedeutet, daß zwei getrennte Dinge verbunden werden, trifft dieser Ausdruck doch nicht genau zu.
Die höchste Wirklichkeit des Zen besteht in der ursprünglich einen Welt, nicht in der Vereinigung, sondern in der Einheit. Zen will nicht ursprünglich Getrenntes vereinen, sondern die ursprüngliche Einheit, so wie sie ist, erkennen. Zen will nicht die von Illusionen getrübte, sondern die klare und offene Welt entdecken. Im Hauptgebet des Zen heißt es: „Der Heilige (Boddhisattva), der sein So-Sein erkennt, strebt in tiefer Übung, zur Wahrheit durchzustoßen" (Herzsutra).
Was versteht der Zenmeister darunter, wenn er sagt: „Man setzt sich hin zum Za-Zen, etwas wie das Gebet existiert nicht mehr. Weder ich noch Gott ist. Auch Zen ist nicht . . ."? Etwa, daß alles in die ‚Leere' (Ku) zurückkehrt, und alles aus dieser ‚Leere', dem Ursprung unseres Daseins, hervorgeht? Trotzdem kann man nicht sagen, es gäbe im Zen kein Gebet. Im Zentempel werden morgens und abends heilige Texte rezitiert (Dokyō). Das Mönchsleben ist durch meditatives Gehen (Kinhin) und viele Stunden in sitzender Versenkung (Za-Zen) gestaltet. Dies alles will die Realität der ‚Leere' sichtbar machen. Die Schwingungen der Luft erscheinen als Ton. Das wahre Dasein des Tons ist Luft. Dokyō, Za-Zen, Kin-

hin sind nichts weiter, als die Schwingungen dieses wahren Daseins.
Formuliertes Gebet, Bittgebet, Reuegebet . . . Wenn wir diese christlichen Gebetsformen vom Zen aus betrachten, sind sie wie Luftschwingungen, die im Herzen als Gebetstöne entstehen. Im Zen dagegen ist das Gebet selbst Luft. Das Tiefste, was wir vom Zen lernen sollten, ist die geistige Sicht, die durchstößt zum Ursprung des wahren Daseins. Dies ist die Wurzel des Zen-Gebets.

21. Wenn ihr nicht werdet wie die Kinder

In der ‚Mainichi'-Tageszeitung erschien vor einiger Zeit unter dem Titel: „Verzeih, lieber Gott!" folgender Beitrag:
„Meine gerade vierjährige Nichte besucht mich, und wir gehen zusammen in den nahen Park spazieren. Wir haben viel Freude, und da es Zeit ist, heimzukehren, nehme ich die Kleine an die Hand. Wir müssen einen Platz überqueren, in dessen einer Ecke der Jizō Bosatsu, ein buddhistischer Volksheiliger, verehrt wird. Meine Nichte erblickt den Schrein und meint, sie wolle vor dem Heimweg beten. Ich bin beschämt. Da die Türen zum Schrein verschlossen sind, hatte ich vor, vorbeizugehen. Meine Nichte öffnet jedoch mit ihren kleinen Händen die Türflügel und widmet sich mit gefalteten Händen dem Gebet. Sie bittet mich, mit ihr die Hände zu falten, und als ich sie frage: ‚Was hast du denn gebetet?', schaut sie mich mit großen Augen an und erwidert, sie habe gesagt: ‚Lieber Gott, nichts, gar nichts haben wir dir mitgebracht, verzeih' lieber Gott!' Ich bin tief berührt. Sage ich nicht immer: ‚Gott oder Buddha, gib mir dies oder das?' Ich war froh, daß ich ihr wenigstens keine sinnlosen Phrasen gesagt hatte, wie: ‚Bitte darum, daß du ein braves Kind wirst.' Solche Belehrungen würden nur den kindlichen Sinn zerstören."

Zeigt dieses Ereignis nicht vollkommen den Wert kindlichen Glaubens? Man sollte nicht übertreiben, aber ruft diese Geschichte nicht auch in uns Erwachsenen die Erinnerung an die Worte Jesu hervor: „Wenn ihr nicht werdet wie die Kinder, könnt ihr nicht in das Himmelreich eingehen?" (Mt 18, 3). Durch das Beten des Kindes können auch wir wach werden für das leicht vergessene, wahrhafte Gebet.

Vor dem Gott, der Alles ist, stehen wir mit leeren Händen, im Bewußtsein unseres Nichts. Das Kind sagte: „Nichts, gar nichts habe ich mitgebracht.“ Hier liegt für uns die Möglichkeit, einen Entschluß zu fassen, unser geschäftiges Leben betend zu durchbrechen.
Wer nur um seine Arbeit kreist und glaubt, Brauchbares für sich und die Menschen zu leisten, wird kaum die Leere seines Lebens, sein Elend, wahrnehmen. Er ist angefüllt mit Komplexen, die aus dem dauernden Konkurrenzkampf entstehen. Er lebt in einer Welt von Machtgelüsten, Kritik, Selbstrechtfertigung, er sitzt im dunklen Keller seines Egoismus. Antoine de Saint Éxupéry drückt es in der bitteren Ironie des kleinen Prinzen aus, der auf diesen Erdball kam: „Die Leute, sagte der kleine Prinz, schieben sich in die Schnellzüge, aber sie wissen gar nicht wohin sie fahren wollen. Nachher regen sie sich auf und drehen sich im Kreis . . .“ (Karl Rauch Verlag, S. 57). Der bekannte japanische Schriftsteller Yosamu Daizai (1909–1948) schreibt im „Ausgestoßenen Menschen“: „Jetzt gibt es für mich weder Glück noch Unglück. Alles vergeht. Dies ist für mich, der ich in diesem Inferno, das sich menschliche Welt nennt, lebe, bis jetzt das einzige was die Wahrheit ist. Alles vergeht nur.“

Wenn wir betend den Lebensstrom ‚durchbrechen‘, nehmen wir entschieden Abschied von einem Leben, das um seine Nichtigkeit nicht weiß. Man weiß, der eigentliche Wert des Menschen besteht nicht in seinen Handlungen. Der Schriftsteller Tatsuo Nagai (geb. 1904) beschloß eine Kurzgeschichte – „Die eisigen Hände“ – folgendermaßen: „Als ich mit einigen Freunden kürzlich zusammensaß, ergriff mein fünf Jahre jüngerer Freund aus irgend einem Grund plötzlich das Wort: ‚Obwohl ich fünfundfünfzig Jahre alt bin, kann ich kein Selbstvertrauen finden. Das ist beschämend.‘ Mir schauderte bei diesem Geständnis. Dieser Mann hatte eine gute Arbeit. Wie von einer eisigen Hand war meine schwache Seite berührt worden."

Im Herzen eines jeden Menschen liegt ein Schmerz verborgen, der schwer zu heilen ist. Vielleicht ist das Selbstvertrauen des chinesischen Weisen Konfuzius, der mit fünfzig Jahren die Fügung des Himmels erkannte, selten. Mangelndes Selbstvertrauen hängt nicht vom Fehlen guter Arbeit ab. Es kommt aus einer Unfähigkeit, im gegenwärtigen Zustand Frieden zu finden; es ist existentiell bedingt.

Jeder Mensch verdorrt wie die Blume des Grases, heißt es in den Psalmen (Ps 90, 3–6, Jes 40,6–8, 1 Petr 1, 24). In Japan sagt Kamo no Chomei (1153–1216) ähnlich: „Der Fluß fließt ohne Unterlaß, doch das Wasser ist sich nie gleich. Sich stauend und strudelnd, einmal verschwindend, dann wieder sichtbar, steht es nie. Ob es Menschen gibt, oder nicht, ist gleichgültig. Sie sind eigentlich überflüssige Geschöpfe."

Wir dürfen keine Angst haben vor dem Abgrund des menschlichen Nichts. Wir dürfen auch nicht übereilt einen Zufluchtsort in der Auferstehung Christi suchen. Ohne das ausweglose Leiden, von Gott verlassen zu sein, wäre es nicht zur Herrlichkeit der Auferstehung gekommen. Der Mensch muß mit der Nichtigkeit seines Selbsts radikal konfrontiert werden. Er muß fähig werden, dies auszuhalten. Mag es auch weh tun: Das Heil des Menschen liegt einzig allein im Empfangen der Wahrheit.

Das durchbrechende Gebet ist die Erfahrung der Nichtigkeit der menschlichen Existenz. Es ist die Erkenntnis, daß es illusorisch wäre, Selbstvertrauen aus dem eigenen Tun zu schöpfen. Die Haltung der Selbstaufgabe entsteht aus der Erfahrung der Sinnlosigkeit. Beten muß sich auf den Trümmern des unerlösten Selbsts ereignen und auf Gott allein warten. Wo diese Finsternis des Todes

nicht wahrgenommen wird, kann eine Meditation, die wirkliche Begegnung mit Gott ist, nicht geschehen. Das Wissen um die Vergänglichkeit des menschlichen Tuns nimmt lebendige Gestalt an im durchbrechenden Gebet. Man ist ausgesetzt vor Gott, ohne etwas darzubringen.
Was bedeutet es eigentlich, tagaus tagein im Za-Zen zu sitzen? Welchen Wert hat es, ununterbrochen den Rosenkranz zu beten? Dies alles wäre nichts, wenn man nicht weiß, daß das reine Sitzen im Za-Zen, das Rosenkranzgebet nicht menschliches Tun ist, sondern durch Gottes Wirken, durch Buddhas Handeln, zum Gebet wird. Der buddhistische Ausspruch: „Nur Buddha kann Buddha schenken", gleicht dem christlichen Denken: Gott allein kann Gott mitteilen. Durch eigene Kraft kann der Mensch Gott nicht empfangen. Selbst dieses wartende Herz kommt von Gott. Das wahre Gebet ist nichts anderes als ein wartendes Herz, das uns von Gott geschenkt wird, Gott wendet sich zur entblößten Seele, die auf ihn wartet, und alles außer ihm vergessen hat.
„Schlachtopfer willst du nicht, ich wollte sie dir geben und Brandopfer gefallen dir nicht. Die Opfer, die Gott gefallen, sind ein geängstigter Geist, ein geängstigtes, zerschlagenes Herz wirst du, Gott, nicht verachten" (Ps 51, 18–19). Weder der Pharisäer im Tempel, noch ein Mensch, der alle Gesetze gut hält, erweisen Gott Ehre. Der aus der Synagoge ausgeschlossene Zöllner, der nicht wagt, die Augen zum Himmel zu erheben, der sich an die Brust schlägt und betet: „Gott sei mir Sünder gnädig" (Lk 18, 9–14), er nur kennt Gottes Gerechtigkeit und Gnade. Wie die Außenseite zur Innenseite, so gehört zum durchbrechenden Gebet Reue über unser schuldhaftes Handeln. Ein japanischer Zen-Text lautet:

Wahre Meditation ist keine Erbauung des eigenen Selbst, sondern Reue und Hingabe.

„Wird in der Tiefe der Nacht der Mensch still,
sitzt er da und schaut in sein Herz:
stößt er zum ersten Mal vor
zum Wesen der irdischen Sorgen.
Wahrheit erscheint.
Stets empfängt er in solchen Nächten
die große Erleuchtung.
Weil die Wahrheit erschien –
aber noch Sorgen der Welt ihn bewegen,
empfindet er große Reue bei Nacht."

22 Erkenntnis eigener Nichtigkeit

Nach den Worten Teresas von Avila heißt beten, mit Gott Freundschaft schließen (Leben, Kap. 8, 5). Das bedeutet jedoch nicht, daß wir armselige Menschen mit Gott auf gleicher Ebene stehen. Das Unvorstellbare: Dem von Natur aus sündigen Menschen wird eine freundschaftliche Beziehung mit Gott zuteil, ist durch Christus Wirklichkeit geworden. Hier offenbart sich unsere Erlösung. „Euch habe ich gesagt, daß ihr Freunde seid, denn alles, was ich vom Vater gehört habe, habe ich euch kundgetan" (Joh 15, 15). Fraglich ist nur, wie weit unsere Freundschaft reicht und ob wir danach leben.

Christus verheißt uns, daß wir durch die Taufe Gottes Kinder werden und den Geist empfangen, der ruft: „Abba, Vater" (Röm 8, 15; Gal 4, 6). Begreifen wir dies auch mit dem Verstand, so doch noch lange nicht mit dem Herzen. Unser Inneres gleicht nicht dem Thereses von Lisieux, der beim bloßen Gedanken, daß wir Gott Vater nennen dürfen, Tränen kamen. Hier liegt ein wichtiges Problem des Gebets. Beim Beten handelt es sich nicht um eine Reihe einfacher Bitten, sondern um ein Tun, das die Existenz des Menschen radikal verwandelt, das ihn zu Gott erwachen läßt. Dies ist Beten, ob wir es Meditation oder Kontemplation nennen. Es genügt nicht, still vor sich hin zu denken. Wir müssen uns mit unserem ganzen Leib dem Gebet hingeben.

Im Buddhismus wie im Zen werden in der religiösen Übung die Körperkräfte bis an ihre Grenzen eingesetzt. Dies ist nicht nur ein Beten des Kopfes, nur eine Handlung des Herzens, nein, Leib und Seele werden geopfert, um Buddha, dem höchsten Sein, in verzweifelter Anstrengung nahezukommen. Wichtig ist, daß man bei

aller Askese, bei allem Fasten, Dürsten und Wachen sich immer bewußt bleibt. Es ist kaum möglich, sich auch nur in geringem Maße zu ändern. Ohne Gott, ohne Buddha schreiten wir nicht einen Schritt voran. Das Ziel religiöser Praxis liegt nicht in der Größe eigener Askese, sondern in der Erkenntnis eigener Armseligkeit. „Wenn ich mich rühmen soll, will ich mich meiner Schwachheit rühmen" (2 Kor 11, 30).
Ich sprach von zweckfreiem Beten. Sollten wir dieses Gebet nicht ‚unmögliches Gebet' nennen? Alles was ein Mensch vollbringen kann, ist letztlich, als werfe er einen Stein noch in die Luft: Immer kehrt dieser zum Boden zurück. Die religiöse Praxis ist nicht die Grundlage der Heiligung. „Wer nicht von oben her geboren wird, kann das Reich Gottes nicht schauen" (Joh 3, 3). Wer uns führt, ist niemand als der Menschensohn allein, er, der vom Himmel herabgestiegen ist. „Niemand fährt zum Himmel, als der vom Himmel herniedergekommen ist, nämlich des Menschen Sohn" (Joh 3, 13).
Gebet ist Erkenntnis der eigenen Nichtigkeit. Es ist das Gefühl eines immerwährenden Schmerzes im Grund des Herzens. Das ist unter „durchbrochen werden" oder „unmöglich" zu verstehen. Shinran, der Gründer der Jōdō-Sekte, schloß in seinen Anweisungen Besserung durch eigene Anstrengung aus. Er wollte die Übung des Nenbutsu (Anrufung Amida-Buddhas) nicht als Übung oder Tugend verstanden wissen. „Nenbutsu ist ein Same. Ich weiß nicht, ob er uns im westlichen Paradies oder in der Hölle wiedergeboren werden läßt." Er nennt das Nenbutsu eine „grundlose Angelegenheit, eine bedeutungslose Beschäftigung." Auch Meister Dōgen spricht ähnlich von der Praxis des Shikantaza (gesammeltes Sitzen allein), das ihm Leben bedeutete. Hier wird die Rezitation heiliger Namen oder Za-Zen nicht verstanden als menschliche, sondern als Buddhas eigene Handlung. Die Inhalte

des menschlichen Handelns sind ein Nichts. Sowohl beim Za-Zen als auch beim Nenbutsu finden wir sehr einfache Formen vor. Beim Za-Zen stummes Sitzen in Versenkung vor einer Wand, wie ein Stein am Weg, beim Nenbutsu unaufhörliches Rezitieren der gleichen Formel. Gerade dieses menschliche Nichtvermögen öffnet die Tür zur transzendenten Welt.
Am Beispiel des Brennpunkts einer Linse können wir dies verdeutlichen. Das durch die Linse gebündelte Sonnenlicht verbrennt auf dem Papier einen Punkt, der schwarz wird. Dies bedeutet für das Papier Tod. Der Brennpunkt ist an sich wertlos, er ist kein Wundermittel. Nenbutsu, Za-Zen und das christliche Beten verbrennen durch ihr Einsammeln des unsichtbaren Lichts, des Heiligen Geistes, den Körper. Das durchbrechende Gebet entspricht der Linse, das „durchbrochene Gebet" dem verbrannten schwarzen Fleck auf dem Papier. Die Gebetsformen sind, solange sie der Linse gleichen und nicht zum „durchbrochenen Gebet", d. h. zum Brennpunkt werden, der das Papier verbrennt, nicht Gottes Tun. Zum Beten, dem der Boden durchbrochen wurde, brauchen wir Mut, Entschlossenheit und Eifer. Leicht wird man stolz auf die Gebetsübungen. Stolz aber ist der größte Feind des Betens. Packt man ihn nicht an der Wurzel, reißt man ihn nicht aus, dann verdirbt das Gebet. Wir müssen vom ‚durchbrechenden Gebet' zum ‚durchbrochenen Beten' weitergehen.

23 Opfer des Lebens

In Japan gibt es eine tiefsinnige Legende. Ryōkan, ein wandernder Zenmönch aus dem sechzehnten Jahrhundert, erzählte sie in folgenden Worten:

„In alter, alter Zeit lebten ein Affe, ein Hase und ein Fuchs in großer Eintracht miteinander. Tagsüber spielten sie auf den Bergwiesen und Feldern, abends kehrten sie gemeinsam in den Wald zurück. So gingen die Jahre dahin. Dies kam dem Himmelsfürsten zu Ohren. Er wollte sehen, ob dies wirklich wahr sei, und er verwandelte sich in einen alten Mann. Unerkannt wanderte er durch Berg und Tal. Völlig ermüdet warf er seinen Stock hin, ruhte aus und fragte, ob man nicht vielleicht irgend etwas zu essen habe. Sofort sammelte der Affe ein paar Früchte und gab sie ihm. Der Fuchs brachte Fische aus dem Fluß. Doch der Hase hoppelte über die Felder, suchte und suchte, konnte aber gar nichts finden und kehrte zurück. Da tadelten der Affe und der Fuchs den Hasen. Er sei eine unnütze Kreatur, weil er überhaupt nichts anzubieten habe.
Der Hase verlor alles Selbstvertrauen, überlegte eine Weile und bat dann den Affen, Feuerholz zu bringen sowie den Fuchs, Feuer zu machen. Affe und Fuchs taten, was ihnen aufgetragen war. Der Hase opferte sich dem Reisenden mit den Worten: ‚Iß mich, bitte', und warf sich ins Feuer. Als der Wanderer dies sah, wurde sein Herz von tödlichen Schmerzen zerrissen. Weinend blickte er zum Himmel. Er schlug auf den Boden und jammerte: ‚Die drei Freunde stehen einander nicht nach an Vortrefflichkeit, doch die Liebenswürdigkeit des Hasen ist außergewöhnlich.' Er setzte den Körper des Hasen zusammen, trug ihn hinauf zum Himmel und beerdigte ihn im Mond."

Im übertragenen Sinne heißt das für uns: Was wir auch darbringen, alles ist vor Gott so gut wie nichts. ,,Jede gute Gabe und jedes vollkommene Geschenk kommt vom Vater, ... bei dem es keinen Wandel und keinen Schatten der Veränderung gibt" (Jak 1, 17). Wir haben nichts zu opfern, nichts zu schenken. ,,Nicht deiner Opfer wegen ergeht an dich meine Rüge", spricht der Herr, ,,deine Brandopfer sind mir ständig vor Augen" (Ps 50, 8). ,,Denn alles Getier im Wald ist mein, zu Tausenden mein das Wild meiner Berge. Ich kenne alle Vögel des Himmels, was sich regt auf den Fluren ist mir bekannt. ... denn der Erdkreis ist mein und alles, was darauf ist" (Ps 50, 10–12). Die Ehre, die Gott zukommt, sind nicht unsere Opfergaben, sondern, daß wir ihm Dank sagen, ihn anrufen in der Not (Ps 50, 14–15). Gott verlangt nur Vertrauen und Anbetung: ,,Mein Opfer ist ein reuiger Sinn; ein Herz voll Demut und Reue wirst du nicht verschmähen" (Ps 51, 19). Christus sagt: ,,Himmel und Erde werden vergehen, meine Worte aber werden nicht vergehen"(Mt 24, 35). Was sind diese ,Worte', die in Ewigkeit bestehen, auch wenn alle Wesen im Himmel und auf Erden vergehen? Wer ist dieses ,,Ich"? Welchen Sinn hat es, daß dieses geheimnisvolle ,,Ich" Kraft hat, den Tod zu überwinden? Schwerlich finden wir Worte, die diese Fragen beantworten. Vielleicht kann man sagen: Gebet ist Vertrauen in dieses ,,Ich" Christi. Durch das Befolgen seiner Worte finden wir in Gott ewiges Leben. ,,Opfer und Gaben hast du nicht gewollt, einen Leib aber hast du mir bereitet" (Ps 40, 7; Hebr. 10, 5). Christus kam in diese Welt als Mensch, er war wie ein Sklave. Er wollte keine andere Speise als den Willen des Vaters. ,,Da sprach ich: Siehe ich komme – im Buch steht von mir geschrieben, deinen Willen zu tun, o Gott." (ebd.). Das ist der Wille, kraft dessen wir durch die Darbringung des Leibes Jesu Christi ein für allemal geheiligt sind (Hebr 10, 10).

Das Mysterium von Menschwerdung und Todesleiden Christi wird zum abschließenden Amen des christlichen Betens. ,,Der Sohn Gottes, Jesus Christus, ... war nicht Ja und Nein zugleich, sondern in ihm ist das Ja Wirklichkeit geworden. Auf alle Gottesverheißung ist in ihm das Ja; darum sprechen wir auch in ihm das Ja, Gott zum Lobe" (2 Kor 1, 19–20).
Es geht wohl zu weit, den Hasen im Mond mit Christus zu vergleichen. Zeigt diese Legende jedoch nicht, daß der Hauch des Geistes, das mit Christus in Gott Verborgen-Sein, unter allen Menschen weht; daß die Gegenwart Gottes auch in den Darstellungen der Alten im Fernen Osten zum Ausdruck kommt? Lebt im Herzen des kleinen Mädchens, das auf einer abgelegenen Insel im Orient geboren wird, das vor dem Jizō Bosatsu die Hände faltet und innig betet: ,,Lieber Gott, verzeih, gar nichts haben wir dir mitgebracht!", nicht der sich erniedrigende Gott, der seinen eigenen Leib hingab? Ist wahres Beten, das um das Elend des Menschen weiß, etwas anderes als die Enthüllung der äußersten Armut Gottes, der sich in die Not unseres Menschseins herabließ?

24 Gottes Wille

„Wenn Gott es will, gehe ich ins Kloster." „Es geschehe, wenn es sein Wille ist." „Bitte, bete, daß ich Gottes Wille erkenne!" Ähnliche Worte hört man häufig unter Christen. Dies ist sicher im theologischen Sinn die richtige Art zu beten, denn es ist die Aufgabe des Christen, Gottes Willen zu erfüllen. Unserem Gebet würde jedoch Wesentliches fehlen, wenn es nur darin bestünde, wie Christus in Gethsemane zu sagen: „Nicht mein, sondern dein Wille geschehe" (Lk 22, 42).

Wir dürfen das Gebet Christi nicht mit unserem Beten verwechseln. Wird Christus den Christen als Vorbild hingestellt, dann müssen wir den Begriff der Analogie zu Hilfe nehmen, nämlich: Koexistenz von völlig Verschiedenem und Ähnlichem. Sowohl Christus als auch wir sind Kinder Gottes. Theologisch gesehen, besteht jedoch zwischen Christus, dem Sohn Gottes, und den Christen, den angenommenen Kindern Gottes, ein Unterschied. Zwischen Gott-Christus und uns Sündern liegt bei aller Nähe auch ein grenzenloser Abstand. In der Polarität von Ferne und Nähe verstehen wir ein wenig das Verhältnis vom Beten Christi zu unserem Gebet. Wir sollen uns im Beten Gottes Willen nicht widersetzen, noch ihn verändern wollen. Es fällt ja ohnehin ohne Gottes Willen kein Sperling vom Dach (Mt 10, 29/30). Ohne ihn würden wir nicht existieren. Ist es da nicht überflüssig, wenn wir im Gebet sprechen: „Dein Wille geschehe"? Manche glauben so beten zu müssen, weil ihnen der Wille Gottes unbekannt ist.

Eine Mutter betet z. B. für ihr krankes Kind, das in Todesnot ist. Es ist jedoch vergeblich; das Kind stirbt. Bis zuletzt hoffte die Mutter auf ein Wunder, obwohl der Arzt das Kind aufgegeben hatte. Wird

Gott eine Mutter tadeln, die seinem Willen widersteht, wenn sie bittet: „Hilf doch, bitte!" Dies ist dennoch wahres Gebet. Es ist verborgen im Leiden Christi, auch wenn das Flehen aus tiefer Not nicht erfüllt wird.
Beten heißt nicht, Gottes Willen voraussehen. Unser Gebet soll wie Unkraut sein. So oft es niedergetreten wird, richtet es sich wieder auf.

Horche, o Gott, auf mein Beten,
meinem Flehen verschließe dich nicht;
neige dich mir und erhöre mich.
Ich bin getrieben von meiner Angst.
Ich aber rufe zu Gott
und Jahwe wird mich retten.
Ich will vor ihm klagen und seufzen
am Abend, am Morgen, am Mittag,
und hören wird er auf meine Stimme.

(Ps 55, 2–3, 17–18)

Nirgendwo finden wir Psalmgebete wie: „Wenn du willst, Herr, erhöre mein Gebet!" Ist diese Formel auch theologisch richtig, ein Gebet ist sie kaum. Wir sollen bitten, anklopfen, bis wir blutig sind, bis Gott kommt, um die Last dieser aufdringlichen Menschen loszuwerden (Lk 11, 5–13).
„Wenn ihr zu diesem Berg da sagt: Hebe dich weg und stürze dich ins Meer, so wird es geschehen" (Mt 21, 21). In diesen glaubensstarken Worten ist nichts von Ängstlichkeit zu spüren. „Herr, wenn du willst, kannst du mich rein machen" (Mt 8, 2), oder: „Aber sprich nur ein Wort, so wird mein Knecht geheilt werden" (Mt 8, 8): Wenn wir es nicht fertigbringen so zu beten, erreichen unsere Gebete

nicht den Himmel. Denken wir beim Gebet, es könnte nicht erhört werden, dann handeln wir wie solche, die für Gott einen Notausgang, für sich eine Fluchtmöglichkeit schaffen. Dies entspricht aber nicht dem Sinn des Betens. Für uns ist nicht wichtig, den Willen Gottes vorauszusehen, sondern in ihn Vertrauen zu haben. Es gibt im Leben Ereignisse, Unglücksfälle, bei denen wir nicht glauben können, daß Gott Liebe ist. Doch gerade in solchen Fällen festigt sich der Glaube im Maß der erlittenen Finsternis.
„Selig, die nicht sehen und doch glauben" (Joh 20, 29). Hier liegt das Wesen des Gebets. Es genügt, zu wissen: Gott weiß, was das Beste für mich ist. Daran zu glauben, wird für uns zum Schild der Rettung, zum Fels des Heils. Wer im Gebet mit Ijob spricht; „Jahwe hat gegeben, Jahwe hat genommen" (Ijob 1, 21), der hat den schützenden Schild eines theologisch hochtrabenden „Wenn es Gottes Wille ist", nicht nötig. Das Gebet, das das vordergründige Ich durchbricht, wird zum fliegenden Phönix Gottes, der aus der Asche der durchkreuzten Wünsche neu ersteht.

25 Einheit in der Vielfalt

Wenn wir das Gebet als eine Verbindung von Herz zu Herz zwischen Gott und Mensch auffassen, besteht kein Unterschied zwischen Ost und West. Diese Grundlage des Gebets ist allen Menschen gemeinsam. Bei den verschiedenen Rassen und Anlagen der einzelnen nimmt das Beten eine Vielzahl von Formen an, die sich in den reichen Traditionen der Religionen niederschlagen. Wir können nur wünschen, daß Gegensätze und Trennungen aufhören, und daß die Einheit an der Basis wahrgenommen wird, damit die Religionen sich einigen. Es ist eine Tragödie, daß viele Hindernisse dieser Einheit entgegenstehen. Diese bedauernswerte Tatsache macht es unmöglich, das Wesen der Religion zu erkennen und führt ihr gegenüber zu einer Gleichgültigkeit, die sich auch unter tief veranlagten, nachdenkenden Menschen ausbreitet.
Beten darf keine Privatangelegenheit zwischen dem einzelnen und Gott sein. Es muß als Gebet aller Menschen an einen Gott gerichtet sein, es muß den Entschluß bewirken, ein geistig ausgerichtetes Leben zu führen. Wir können nicht über das Gebet sprechen, wenn wir nicht dieses Problem, das alle Religion angeht, in Erwägung ziehen.
Als ich nach zehnjährigem Ordensleben in Frankreich zum ersten Male wieder meinen Zenmeister Nakagawa in seinem Tempel am Fuß des Fujiyama aufsuchte, waren wir sehr bewegt. Mit einem französischen Priester von Mishima und noch zwei anderen Katholiken waren wir zu fünft. Wir verbrachten schöne Stunden in der Stille des Zentempels. Als wir uns über alles Mögliche unterhielten, unterbrach Meister Nakagawa das Gespräch mit einem milden Lächeln und sagte: ,,Vor einiger Zeit begannen wir mit einer

interessanten Sache. Wir gründeten eine Gesellschaft, der wir den englischen Namen ‚Nosehole Association' gaben." Als der Meister aufstand und in die Küche ging, um eine Teeschale zu holen, dachte ich, das sei eine Geschichte, die einem Zenmeister entspräche. Er kam zurück mit einer im Zen üblichen Schale. Sie hatte Risse und einen unebenen Boden. Sie trug folgende Inschrift: „Durch ein Nasenloch brechen wir zum Himmel durch. Nosehole Association." Die Zeichen waren in der Handschrift des Meisters gepinselt.

Der Meister erzählte uns die Geschichte dieser Schale: „Es ist noch nicht lange her, da war eine Mondfinsternis. Ich kehrte am Abend zusammen mit einem Freund von einem Treffen in der Stadt in die Berge zum Tempel zurück. Eine Österreicherin erwartete uns. Wir drei schauten hinauf zum Himmel. Der Mond verfinsterte sich. Der Himmel wurde immer dunkler, und die Sterne begannen wunderbar zu leuchten. Es war eine einmalig schöne Nacht, die ich nicht vergessen kann.

Etwa eine Viertelstunde lang sprachen wir kein Wort. Wir betrachteten das Schauspiel, wie sich der Mond langsam verhüllte. Als der Mond völlig dunkel war, trafen sich unsere Blicke wie von ungefähr. Wie sie wissen, erscheint der Mond bei einer solchen Finsternis erst als schwarzer Ball, von einem goldenen Ring umgeben. Dies erinnerte uns an ein Nasenloch. Einer faßte unser inneres Einvernehmen in Worte. Sie lauteten ungefähr so: „Unsere Gesichter sind dem Rund des Mondes zugewandt. Erinnert uns das nicht an den Zuspruch: „Durch ein Nasenloch brechen wir zum Himmel durch?" Dies bedeutet, daß wir durch den Atem mit dem unendlichen Universum verbunden sind. Daher gründeten wir, als wir in den Tempel zurückgekehrt waren, die sogenannte ‚Nosehole Association'."

Ein Sprichwort sagt: „Jeder, der sich die Nase zuhält, stirbt." Würden wir alle doch bloß einsehen, daß wir die gleiche Luft einatmen. Dann würden sich Zenbuddhismus und Christentum verstehen. Der Zenmeister wollte mit diesem Bild die Enge unter den Menschen durchstoßen, die sich in beständigen Konflikten zwischen den Religionen niederschlägt.

Besonders wichtig ist, daß wir gegen das religiöse Sektierertum, das wir im Hinduismus, Buddhismus, Christentum, ja in allen Religionen antreffen, angehen. Geben wir unseren unheilbaren Starrsinn auf, tragen wir dazu bei, die Festungsmauern zwischen den Menschen niederzulegen.

Der Kern jeder Apologetik heißt: Die Wahrheit ist eine, Gott ist einer und die wahre Religion ist auch eine. Jeder kennt das Problem, doch wie soll dieser Widerspruch gelöst werden? Wann wird es dazu kommen, daß Menschen, sogar innerhalb einer Religion, sich nicht mehr feindlich gegenüberstehen? Das Gebet der so sehr in sich zerrissenen Menschheit sollte lauten: ‚Laßt uns in einem verbunden sein', oder: ‚Mögen wir alle eins sein.'

26 Das Gebet Christi

Oft meinen wir, Beten sei etwas wie eine abgeschlossene Welt zwischen Gott und dem einzelnen. Ins Extrem geführt, endet diese Auffassung in einem Geschäft zwischen Gott und mir. In einem degenerierten Geschäftsaustausch tauscht man Opfergeld und Geschenke gegen große Wunder. In einem der Dialoge Platons, Euthyphron, deckt Sokrates die fehlende Ethik und unaufrichtige Glaubenshaltung Euthyphrons auf: „Heißt opfern nicht, den Göttern etwas schenken, und Beten, die Götter um etwas bitten?“ Und er fragt weiter: „So wäre also, o Euthyphron, die Frömmigkeit eine Kunst des Handelns zwischen Göttern und Menschen?“

Sucht man beim Beten nur Tröstung, dann geht die Hauptrolle unmerklich von Gott auf den Menschen über. Die Ekstase beim Singen eines heiligen Verses (Odaimoku) zum Schlagen der Trommel, wie es z. B. die Anhänger der Nichiren-Sekte tun, das Schwelgen im Gefühl der Stille der Za-Zen-Halle (Zendō), die Freude tiefer Versenkung im Kloster oder die Erregung des Herzens im Entzücken über das Geschenk des Heiligen Geistes bei den charismatischen Versammlungen: Alle diese Gebete kann man geistige Erholung nennen, selbst wenn diese scharfe Kritik nicht immer zutrifft. Johannes vom Kreuz sagt: „Zu meinen, Gott hätte sich entfernt, weil geistliche Tröstung und Süße fehlten, ... das ist wahrhaft töricht.“ Die Wurzel des Betens sollte weder das Verlangen nach geistiger Stille noch die Freude über Gottes Gegenwart sein. Sie besteht vor allem in der Haltung des Niederkniens vor dem transzendenten Gott.

Das Wesen des Gebets ist ein Paradox. Wir sollen die furchteinflößende Überlegenheit Gottes anerkennen und dennoch diesen

überlegenen, transzendenten Gott mit „Abba, Vater“ anrufen. Wir dürfen zu ihm ein erstaunlich vertrauensvolles Verhältnis haben. Im Niederknien begegnet uns die liebende Gestalt Gottes im Paradox des Kreuzes. Durch das Knien werden wir in die Transzendenz der Liebe Gottes gehüllt. Hier finden wir uns eher in Gott, als wenn wir Gott in uns suchten. Wahrhaftig, in diesem Beten erfahren wir: „Jetzt aber kennt ihr Gott, ja noch mehr, ihr seid von Gott erkannt“ (Gal 4, 9). So gesehen, ist das Gebet nichts anderes als die Auferstehung des Menschen, der durch den Tod seines Ich sein wahres Selbst in Gott findet. Vor der Transzendenz Gottes steht er im Bewußtsein seines Nichts. Hier wird auch einmalig offenbar, daß der Mensch Jesus am Kreuz und der auferstandene Christus in der Herrlichkeit Gottes eins sind.
Beten ist in erster Linie Annahme des Todes, der Finsternis. Aus diesem Annehmen entsteht Auferstehung. Wir überschreiten die unendliche Entfernung zwischen uns und dem transzendenten Gott. Gott wird uns näher, als wir es uns selber sind.
Ob wir auch die höchsten Berge erklimmen oder in tiefe Täler hinabsteigen: Im Letzten bleibt uns die Erfahrung (Satori), eine vergängliche Welle zu sein im grenzenlosen Meer, ein kleiner Fleck im endlosen Kosmos. Ein solch bescheidenes Selbstbewußtsein ist die Grundlage des Betens. Es genügt nicht, sich an der klaren Bergluft zu berauschen, abgeschnitten zu sein von der Welt, in einer Ekstase der Stille zu leben. Immer müssen wir uns bewußt sein, daß Gott den ewigen Kosmos „wie ein Stück Stoff zusammenfalten kann“. Wir sollen eine ‚kopernikanische Wende‘ in uns vollziehen. Das Wichtigste des Lebens darf nicht durch den Menschen, sondern muß durch Gott gewirkt werden. Darum bitten wir: „Dein Reich komme“.
Jetzt ergibt sich eine neue Sicht des Betens. Wer bisher Gott gesucht hat, wer bemüht war, alles Gott zu geben, wird jetzt durch

Gott allen Menschen geschenkt. Da Gott nicht nur einem Menschen, sondern allen gehört, lebt jener, der Gott angehört, für alle Wesen. Hier fällt die steigende Kurve des Gebets zur Erde. Der in die Berge gestiegene Zarathustra kehrt jetzt zur Erde hinab. Der nach Erleuchtung suchende buddhistische Priester wird zum Heiligen (Bosatsu) für alle Wesen. Hier bedeutet „Gott allein": alle Wesen in Gott sehen. In der ganzen Schöpfung, in jedem einzelnen Tautropfen, ist Gottes Lächeln sichtbar. Es heißt nicht: Du sollst den Menschen vergessen und für Gott allein da sein, sondern um der Erlösung willen sollst du den Menschen in Gott finden. Betet z. B. jemand aus Menschenhaß, um der Last menschlicher Beziehungen zu entgehen, oder aus mangelnder Geselligkeit in einem abgelegenen Kloster zu Gott, dann findet sich dort nichts als Leere und Eitelkeit. Gewiß kann Gott auch unsere Schwächen zum Guten führen, bleiben wir aber darin stecken, ist das kontemplative Leben nur ein Schutzwall für den Egoismus unseres verkümmerten Selbst. Der Kontemplative muß immer nach höchster Liebe streben. Georges Bernanos sagt in seinem „Tagebuch eines Landpfarrers": „Selbst im Innern des Klosters darf man niemals die Brüder und Schwestern vergessen". Der ist ein wahrer Kontemplativer, der täglich seine Liebe zu Gott und den Menschen zeigt und für die Brüder und Schwestern ohne Unterlaß betet.

Die Definition, man wende sich im kontemplativen Leben Gott zu, im aktiven Leben aber dem Nächsten, ist falsch. Sowohl im kontemplativen als auch im apostolischen Leben gibt es die Liebe zu Gott. Anders ist nur die Art und Weise, wie die Gottesliebe genährt wird, und die Formen, in die sie sich ergießt. Das kontemplative Leben ist mehr auf die Transzendenz Gottes gerichtet, das sogenannte aktive auf die Immanenz. Der eine betet in der unsichtbaren Welt des Gebets und ist hier den Trauernden und Leidenden nahe, der andere ermutigt die Müden, wach zu werden, teilt mit ihnen Trauer und Leid. Wenn es töricht ist, zu sagen, man könne Gott nur in der Stille der Berge lieben, dann ist es ebenso töricht, anzunehmen, man könne den Nächsten nur im Straßenlärm, im Staub der Welt lieben. Damit Menschen sich in tiefer, gegenseitiger Liebe begegnen, brauchen sie nicht unbedingt unter dem gleichen Dach zu wohnen, aus den gleichen Schüsseln zu essen. Der Geist der Liebe weht, wo er will.

Die neue Sicht des Betens, Gott alles zu geben, überschreitet die Vielfalt der menschlichen Möglichkeiten. Alle Menschen werden in Gott zu einem Leib, das Gebet des einzelnen mündet ins Gebet der Menschheit. Hier ist Beten nicht eine Privatangelegenheit zwischen Gott und Mensch. Es geht um den Gott aller Menschen.

Wer meint, nicht den Nächsten, nur Gott lieben zu können, täuscht sich. Wir müssen darum beten, mit dem Nächsten eins zu werden. Tun wir das nicht, wäre unser Gebet unwahrhaftig. Das letzte Gebet Christi vor seinem Leiden forderte gerade dies: „Daß alle eins seien.“ Im siebzehnten Kapitel des Johannesevangeliums wird dieses Wort fünfmal wiederholt: „Damit sie eins seien wie wir.“ (Joh 17, 11). Wenn es im hohepriesterlichen Gebet heißt: „Daß sie in uns eins seien“, offenbart sich dort nicht nur das Ideal der Einheit der Liebe in der Dreifaltigkeit, sondern es wird uns auch der Grund der Einheit gegeben. Christus fügt hinzu: „Damit die Welt erkenne, daß du mich gesandt“ (Joh 17, 23). Ist es nicht die Schuld der Christen, die nicht in Christus und in der Bruderliebe verbunden sind, wenn viele Menschen nicht an Christus glauben können?

Kleinschriftenreihe zur Meditation
(Hilfen zur Meditation)

Diese preiswerte Reihe erleichtert den Einstieg in das Gebiet der Meditation.
Bisher sind über 40 Nummern erschienen.
Umfang 32 bis 64 Seiten, broschiert, DM 2,80 bis DM 7,80.

1 *Waltraud Herbstrith*
Beten mit Edith Stein

2 *Waltraud Herbstrith*
Kontemplatives Ordensleben – überholt?

3 *Dag Hammarskjöld*
Das Unerhörte – in Gottes Hand zu sein

4 *Caterina von Siena*
Lobgesang

5 *Waltraud Herbstrith*
Meinrad Josef Lehmann
Wege der Hoffnung

6 *Josef Sudbrack*
Mit Jesus Christus zu tun haben

7 *Waltraud Herbstrith*
Mechthild von Magdeburg
Von Minne und Liebe

8 *Waltraud Herbstrith*
Hoffnung auf Auferstehung

9 *Waltraud Herbstrith*
Maria
und die Erneuerung der Kirche

10 *Johannes XXIII.*
Einübung ins Gebet

11 *Josef Sudbrack*
Schweigen –
Leere oder Fülle?

12 *Helga Mordstein*
Gebete gestern und heute

13 *Edith Stein*
Gedichte und Gebete aus dem Nachlaß

15 *Franz von Assisi*
Jünger-Nachfolge

16 *Hugo M. Enomiya-Lassalle SJ*
Erfahrungen eines Christen mit der Zen-Meditation

17 *Lotte Tiedemann*
Beten aus der Tiefe

18 *Worte der Stille*
Japanische Gedichte
ausgewählt und eingeleitet von
Waltraud Herbstrith

19 *Eva Firkel*
Praktische Hilfen zum Gebet

20 *Ulrich Heuel*
Spuren
Gedichte eines jungen Menschen

21 Meister Eckehart
Abwesenheit und Nähe Gottes
Textauswahl von
Cornelia Glombik

22 Angelus Silesius
Vom Geheimnis Gottes und des Menschen
Textauswahl von
Cornelia Glombik

23 Aurelius Augustinus
Gott, was bist du mir?

Textauswahl von
Cornelia Glombik

24 *Chrysostomus Schulz O. Cist.*
Ich bin da – vor Ihm
Meditation und ihre Auswirkung

25 *Thomas Merton*
Mönch zwischen gestern und morgen

26 *Prina Navè*
Das nahe Wort
Gebete aus der jüdischen Tradition

27 *Anselm Grün OSB*
Reinheit des Herzens
Wege der Gottsuche im alten Mönchtum

28 *Helmut Fox*
Denn einsam bin ich und arm

29 *Rüdiger Funiok SJ*
Meinen Alltag meditieren

30 *Anselm Grün*
Demut und Gottes Erfahrung

31 *Winfried Zeller*
Elisabeth von Thüringen

32 *Bernhard von Clairvaux*
Rufe zu Maria

33 *Bonaventura*
Pilgerweg zu Gott

34 *Johannes vom Kreuz*
Sprechen und Schweigen

35 *Ichiro Okumura OCD*
Erwachen zu Gott
Wege zum Gebet

36 *Bruder Lorenz, Karmelit*
Du bist mir nahe
Gespräche – Briefe

37 Teresa von Ávila – Therese von Lisieux
Heilige im Gespräch

38 Starez Siluan
Leben aus dem Geist
Texte ausgewählt und eingeführt von Anselm Grün OSB

39 *Johannes du Moulin und seine Schüler*
Vom unbegreiflichen Gott

40 Buch der ersten Mönche
Eingeführt von Camillus Lapauw OCD

41 In die Liebe Gottes hineinlaufen
Benedikt von Nursia
Zusammengestellt von Benedikt Probst OSB

42 *Gundula Meyer*
Christ sein und Zen

43 *Waltraud Herbstrith/ Theo Herbstrith*
Erfahrungen des eigenen Daseins

44 *Makarios Hebler OSB*
Gott meine Freude

Verlagsgesellschaft
Gerhard Kaffke
Postfach 112, 8000 München 65